客房部实训教程

主　编　刘　玲
副主编　张娜娜　王　玉

西安交通大学出版社
XI'AN JIAOTONG UNIVERSITY PRESS

内容简介

本书是饭店管理专业的客房部实训教材，主要内容包括客房部基础理论知识、各岗位工作职责、客房常规卫生清扫程序、客房计划卫生、客房公共区域的清洁、客房住客服务、客房洗衣服务以及客房紧急事件的处理等。在书中增加了大量案例，且在关键的操作流程中配以图片说明。

本书理论体系完整，逻辑结构严密，内容翔实，参考了客房服务的最新理论研究成果和实践经验，既有理论的先进性，又有实用的操作性。

本书适合于旅游管理和饭店管理专业的本专科学生使用，也可作为饭店客房部的培训教材和业务指导用书。

图书在版编目(CIP)数据

客房部实训教程/刘玲主编. —西安：西安交通大学出版社，2011.2(2014.9 重印)
ISBN 978-7-5605-3807-5

Ⅰ.①客… Ⅱ.①刘… Ⅲ.①饭店-商业服务-技术培训-教材
Ⅳ.①F719.2

中国版本图书馆 CIP 数据核字(2011)第 004686 号

书　　名　客房部实训教程
总 主 编　刘　住
主　　编　刘　玲
责任编辑　孟　颖

出版发行　西安交通大学出版社
（西安市兴庆南路 10 号　邮政编码 710049）
网　　址　http://www.xjtupress.com
电　　话　(029)82668357　82667874(发行中心)
(029)82668315　82669096(总编办)
传　　真　(029)82668280
印　　刷　陕西丰源印务有限公司

开　　本　687 mm×1012mm　1/16　印张 6.25　字数 103 千字
版次印次　2011 年 2 月第 1 版　2014 年 9 月第 2 次印刷
书　　号　ISBN 978-7-5605-3807-5/F·255
定　　价　15.00 元

读者购书、书店添货、如发现印装质量问题，请与本社发行中心联系、调换。
订购热线：(029)82665248　(029)82665249
投稿热线：(029)82668133
读者信箱：xj_rwjg@126.com

总序

随着第三产业的发展，现代服务业在各国国民经济中的比重不断增加。饭店业作为现代服务业中的主要组成部分，其经济地位日显重要，经济影响在世界范围内越来越被各国政府所重视，成为推动社会经济发展的重要因素。全球饭店业不论在数量、规模、结构，还是在服务质量和经营管理水平等各方面都取得了长足的进步，饭店从业人员的职业化程度也不断提升。

中国饭店业用了30多年的时间，走完了发达国家饭店业近百年的历程。国家旅游局局长邵琪伟在“2007年中国旅游投资洽谈会”上指出，到2015年全国将新增各类住宿设施约20万家，其中星级饭店约1万家，五星级饭店将超过500家，对休闲度假饭店的需求也将成倍的增长。近年来，国际品牌饭店巨头洲际、温德姆、万豪、雅高、凯悦、喜来登、希尔顿、香格里拉等纷纷瞄准中国广阔的旅游和饭店市场，给予大力的预算投资和市场开拓，增资或合作新建项目。随着全球经济一体化，饭店业的竞争日趋激烈。未来十年，饭店业的竞争首先是人才的竞争，然后才是市场的竞争。我国饭店业在保持迅猛增长劲头的同时，人才需求矛盾的日益突出，已成为饭店业可持续发展的瓶颈。要提高我国饭店业的国际竞争力，必须加强对饭店管理专业人才的教育和培训，这是我国饭店业未来发展制胜的关键。

饭店管理专业是培养饭店业人才且具有鲜明职业色彩的专业教育，这个本质属性决定其教育培养模式必然是“以能力为基础的教育(competency based education，CBE)”，这一论断已被国内外饭店管理教育的正反实践所一再证实。

国外饭店管理专业教育已有100多年历史，最著名的饭店管理院校是瑞士洛桑饭店管理学院和美国康奈尔大学饭店管理学院，这两所学校的毕业生遍布全球国际饭店管理集团的高层，在世界上享有盛誉。之所以成功，盖源于他们设计的是以能力为本位的教学模式，强调必须以足够的专业知识为基础，以职业岗位能力为重心，并将学生的能力作为其就业取向、职业导向和参照标准。欧洲、美洲、澳洲等国家和地区的饭店管理院校，均积极推行这种教育培养模式。

中国的饭店管理专业教育也走过了30多年的历程。在大陆之外，台湾高雄餐旅学院、香港理工大学酒店及旅游业管理学院、澳门旅游学院等；在大陆，上海旅游高等专科学校、桂林旅游高等专科学校、南京旅游职业学院、山东旅游职业学院、浙江旅游职业学院等，同样采用这种“以胜任岗位工作要求为出发点的教育”，并取得了成功。

相反，采用“以知识为本位的教育(knowledge based education，KBE)”的饭店管理院校没有一家取得成功。之所以失败，盖源于他们参照的教育培养模式的重心放在知识上，是教学取向学科导向，重理论轻应用，属于常模参照。

CBE的核心部分是职业岗位能力分析，首先考虑的是学生毕业后将从事的岗位工作的具体要求，再据此有针对性地开发课程和组织教学活动。对此，本系列饭店实训教程就是根据饭店前厅、客房、餐饮、酒吧、厨房、财务等几个主要部门的每个岗位的职责要求，细分成具体工作项目、操作程序和规范标准。它有如下显著特点：第一，通过职业岗位和岗位群的职业能力要求分析来确定教学实训目标；第二，每项实训任务以学生动手完成任务为准则，即用可测量的标准来说明学生的学习结果；第三，实训过程强调掌握职业能力，而非强调实训时间的长度和方式；第四，开展以学生为中心组织实训，并采用目标教学法，重视实训过程中的质量控制和评估。

我们相信，本系列丛书由于以上特点，不仅能够满足饭店管理院校学生的实训需要，也能够满足饭店企业员工的培训需要。诚然，任何一项改革和创新的阶段性成果，都不可避免地有其局限性，我们将在使用本系列教程过程中不断地征询意见并对教程进行修正，使之日臻完善。

刘 住

2010.12.5

前言

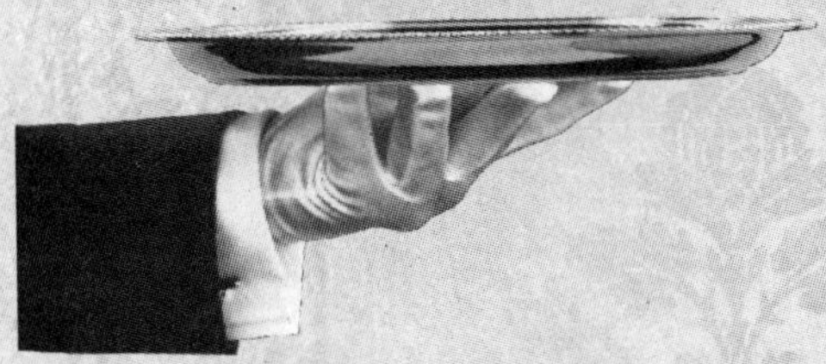

本书是酒店管理专业的客房实训教材，内容涵盖了客房基础理论知识、各岗位工作职责及各岗位操作流程及标准，适合于旅游管理和酒店管理专业本专科学生使用，也可作为酒店客房部的培训教材和业务指导用书。

与同类教材相比，本书有如下特点：

(一)结构与方法的逻辑性与新颖性。本书作为专业实训教程采用了较新的结构体系，每章具体内容包括作业程序及相关说明，在结尾部门均安排了案例分析题，体现了知识体系的逻辑性及完整性的特点。

(二)业务与技术的实用性和可操作性。本书以酒店管理的理论为基础，紧密结合国内外酒店行业的发展现状及客房工作的实际，力求在编写中顺应时代要求，坚持以实训为先导，基本理论指导实训，注重业务操作流程，条理规范，步骤明确。

(三)注重综合实训能力的培养和提高。本书在每一章都增加了相应的案例分析，既有利于知识的扩展，又便于在实训操作过程中培养和提高学习者在工作中解决实际问题的能力，强化了学习者的综合能力和素质。

成都信息工程学院银杏酒店管理学院建于 2002 年，是四川省首批教育部审核确认的七所独立学院之一，也是由教育部核准的全国第一所本科层次的酒店管理学院。学院本着“一切为了学生的发展，一切为了服务于社会”的办学核心理念和共同价值观，以“服务养成，知行相济”为校训，强调学生综合素质的培养，注重培养学生学以致用的能力。酒店管理专业是学院重点建设的特色专业，以培养适应酒店管理、服务第一线需要的应用型人才为根本目的，具有鲜明的职业特色，其内在特点决定了实践教学环节的重要性，学院领导对酒店管理专业的实践教学极为重视，该专业在实践教学体系建设、课程建设、教材建设等方面进行了改革和探索。在编著过程中，原学院首席顾问刘住先生为本书的编写、出版提供了极大的帮助，在此深表谢意！我院陆明洁老师和廖静娴老师均参与了本教材的编写工作，为本书提供了很多宝贵的创新点和建议，并收集了大量的资料。本书的编著，参考和借鉴了国内外酒店的相关书籍和培训资料，并得到了西藏饭店、天之府温德姆至尊豪廷大酒店总经理的大力支持和帮助，在此，我由衷地感谢他们为本书付出的辛勤劳动，同时也感谢我的家人对我的支持。

本书的编写人员全部来自教学实践第一线，且富有酒店行业实践经验。但由于编写时间仓促，书中难免存在缺点错误之处，欢迎广大读者批评指正。

成都信息工程学院银杏酒店管理学院

刘 玲

2010 年 11 月 2 日

目录

CONTENTS

1

第一章
客房部的地位与作用

随着现代社会生活水平的提高和旅游业的发展，客人对旅游酒店的住宿环境有更高的需求。旅游酒店客房部是为住宿客人提供合格客房产品的物质承担者，客房产品的质量直接关系到酒店的声誉与经济效益，因此，客房部的经营管理活动在酒店管理中具有十分重要的作用。

第一，客房部是酒店存在的基础。酒店是向旅客提供生活需要的综合服务设施，它必须能向旅客提供住宿服务，而要住宿必须有客房，从这个意义上来说，有客房便能成为酒店，所以说客房部是酒店存在的基础。

第二，客房部是酒店组成的主体。客房部的建筑面积大，在酒店建筑面积中，客房占70%～80%；客房资产价值量大，酒店的固定资产，也绝大部分在客房，酒店经营活动所必需的各种物质设备和物料用品，亦大部分在客房；客房部人员配备占整个酒店50%以上，所以说客房部是酒店的主要组成部分。

第三，客房服务质量是酒店服务质量的重要标志。客房是旅游者在旅游途中的家。客人住店后，除外出活动和到餐厅用餐外，在客房停留的时间最长，服务要求也最多，服务质量的好坏，客人的感受最敏锐，印象最深刻。所以，客房服务是否周到，房内设施是否完好，物品配备是否齐全，对客人的消费都会产生直接的影响，成为客人评价酒店服务质量的重要因素。所以客房服务质量是衡量整个酒店服务质量，维护酒店声誉的重要标志，也是酒店等级水平的重要标志。

第四，客房部是酒店经济收入和利润的重要来源。酒店的经济收入主要来源于三部分——客房收入、饮食收入和综合服务设施收入。其中，客房收入是酒店收入的主要来源，而且客房收入较其他部门收入稳定。客房收入一般占酒店总收入的55%以上。从利润来分析，因客房经营成本比饮食部、商场部等都小，所以其利润是酒店利润的主要来源。

第五，客房部是带动酒店一切经济活动的枢纽。酒店作为一种现代化食宿购物场所，只有在客房入住率高的情况下，酒店的一切设施才能发挥作用，酒店的一切组织机构才能运转，才能带动整个酒店的经营管理。客人住进客房，要到前台办手续、交房租；要到饮食部用餐、宴请；要到商务中心进行商务活动；还要健身、购物、娱乐，因而客房服务带动了酒店的各种综合服务设施。

最后，客房部的管理水平是酒店管理水平和能力的体现。入住酒店的客人的消费活动离不开客房的各项服务和管理。客房部必须组织好客房员工的劳动，提供优质服务，才可能满足客人的消费需求。作为旅游者来说，入住酒店不仅要求物质享受，而且要求精神享受。希望有舒适的设备、整洁的环境、较多的服务项目和高质量、高效率的服务水准。同时，客房部员工24小时倒班工作，工作时间长；客房设备和用品繁多，管理复杂；客人的消费标准不一，难以保证客人完全满意；客房部与酒店其他部门联系广泛，种种情况说明客房管理是酒店管理水平和能力的体现。著名的“科罗多拉温泉”布罗德穆尔酒店的董事长兼总经理卡尔·埃托尔认为：“酒店高水平的标志就是高质量的客房管理。”

第二章
客房部各岗位工作职责

酒店规模大小有异，经营方式不一，管理体制不同，客房部主要岗位的设置会存在一定的差别，但由于客房功能的相同性，主要岗位是必不可少的。客房部主要岗位的设置，应满足客房部经营业务的需要，客房部的主要管理岗位及职责有：

一、客房部经理工作职责 ▶

(1)根据酒店经营目标来编制本部门的经营工作计划，并组织、督导下属员工切实完成。

(2)负责客房消耗品、艺术品、棉织品的每年计划调整工作和申购工作。

(3)制定人员编制、员工培训计划，合理分配及调度人力。

(4)培训部门主管及员工，深入做好思想工作，调动员工工作积极性。

(5)主持制定本部门的管理规章制度、工作操作流程、服务质量标准、安全保障措施，并督导下属员工认真贯彻。

(6)控制卫生质量和服务质量，保证设备完好无损，降低物资、费用成本。

(7)负责客房范围内设备的维护保养工作。

(8)保证部门目标达到酒店规定的要求。

(9)协同其他各部门做好销售、安全、布草更换、工程维修等工作。

二、培训主管工作职责 ▶

(1)负责部门工作程序、制度草拟、修改、完善工作。

(2)负责部门培训计划准备、实施、督导及培训后的检查工作。

(3)负责部门各岗位员工行为礼仪、操作程序的检查、培训工作，建立部门员工的《电子培训档案》。

(4)负责做好员工的思想工作，提高员工的工作积极性。

(5)每日检查各岗位工作情况并给予指导。

(6)完成经理交办的其他工作。

三、楼层主管工作职责 ▶

(1)参加部门早例会，主持召开班前例会，做好上传下达。

(2)制定客房的大清洁及各卫生计划，检查下属的执行情况。

(3)随时掌握房态，并据此作好工作安排。

(4)抽查客房卫生，检查下属的有关工作记录。

(5)负责楼层安全保卫及消防工作。

(6)负责本班组的成本控制。

(7)协助经理编排班次表，安排员工年休假。

(8)处理本班组投诉并上报经理，做好与相关部位的沟通和联络。

(9)完成经理交办的其他工作。

四、公共区域主管工作职责 ▶

(1)全面负责管理 PA 班组的各项工作。

(2)负责对公共区域班组员工的培训工作，掌握员工思想动态，调动员工积极性。

(3)制定公共区域的每月计划卫生，检查下属的执行情况。

(4)负责安排客房家具调整、搬运、花木的布置工作，保证公共区域的卫生情况。

(5)负责客房地毯清洁维护保养。

(6)负责 VIP 房水果、鲜花的准备工作，负责客房内的加床工作。

(7)与工程部建立经常的联系，监督设备的维修和保养工作，使之达到酒店应有的标准。

(8)抽查工作必备品，各类机器使用及维护保养情况。

(9)完成经理交办的其他工作。

五、洗衣房主管工作职责 ▶

(1)培训、督导所属员工安全生产，高标准、高效率地完成每日工作，并检查工作质量。

(2)定期做机器维护，保证其使用寿命。

(3)定期检查布草洗涤质量及送回情况，保证客房布草的供应。

(4)负责员工制服的设计和制作，并检查制服的制作、管理、发放工作。

(5)做好原材料的统计，合理控制物耗。

(6)处理客人的一般投诉。

(7)完成经理交办的其他工作。

六、后勤主管工作职责 ▶

(1)负责仓库管理、控制楼层客用品及清洁用品的收发管理。

(2)进行成本控制和分析，同时呈报部门经理。

(3)负责对本区域员工的培训工作。

(4)负责处理本区域投诉工作。

(5)完成经理交办的其他工作。

七、卫生班领班

(1)主持召开班前例会,做好上传下达。

(2)负责所辖区域的卫生清扫,保证房间完好,督导所属员工履行工作职责。

(3)安排本区域大清洁工作。

(4)检查服务员的仪表、仪容和行为,确保酒店规章制度和客房部的规定得以执行落实,对不符合酒店规定的事情及时处理和上报。

(5)负责房间卫生的抽查工作。

(6)负责所辖服务员日考核,确认服务员已完成工作定额。

(7)负责楼层安全保卫工作、工作用钥匙的管理工作,并协调与各岗位的关系。

(8)负责对员工进行业务标准示范及其他现场培训工作,处理本区域投诉并报主管。

(9)完成楼层主管交办的其他工作。

八、楼层服务班领班

(1)主持召开班前例会,做好上传下达。

(2)监控、考核服务班员工的工作,并检查员工的工作记录,审批相关工作报表。

(3)负责抽查员工楼层夜床服务工作质量。

(4)确保楼层的安全、保卫及消防工作。

(5)制定培训计划,对员工进行培训和考核,不断提高员工的业务水平和工作质量。

(6)处理本区域的投诉并呈报上级。

(7)完成楼层主管交办的其他工作。

九、洗衣房领班

(1)负责检查客衣、布草及制服的洗涤收送工作。

(2)负责检查员工对机器的安全操作以及督导员工定期做好机器的维护保养工作。

(3)检查并督导员工制服的管理、发放和保存工作。

(4)负责员工的培训工作,保证高质量的对客服务。

(5)保证客房布草充足。

(6)完成洗衣房主管交办的其他工作。

十、公共区域清洁组领班

(1)负责公共区域清洁组日常工作安排和检查工作。

(2)负责公共区域清洁组员工的管理。

(3)负责对公共区域清洁组员工的培训。

(4)负责处理本部门投诉并报告公共区域主管。

(5)负责公共区域计划卫生的安排和督察。

(6)控制清洁用品的消耗量并准备相应的备用量,控制成本,节约本部门的开支。

(7)与房务中心保持联系,及时报告设备和工程上需维修的项目。

(8)合理安排人力,提供咨询和培训,提高员工的工作效率。

(9)正确处理异常情况并及时汇报。

(10)完成 PA 主管交办的其他工作。

十一、地毯组领班

(1)负责安排地毯组的各项工作。

(2)检查工具的使用及维护保养情况。

(3)负责对所辖服务员进行培训。

(4)协调与其他班组的关系。

(5)负责地毯组日常工作和定期计划安排。

十二、客房服务中心领班

(1)负责统一调度客房服务中心的各项工作。

(2)负责对所辖服务员进行培训。

(3)抽查控制客房状况。

(4)负责部门所有钥匙、磁卡的点收、控制、保管,严格执行借出和归还制度。

(5)做好与其他各岗位信息传达及沟通工作。

(6)负责每日楼层酒水消耗的统计,做好销售记录及成本控制。

(7)负责部门报表、资料档案及文件的归档、保管。

(8)完成上级领导临时分派的有关工作。

3 第三章 客房日常清洁

一、实训目标 ▶

通过本章的学习,使学生熟悉进房清扫前的准备工作;掌握撤床流程及注意事项;掌握中式铺床技能;熟悉卫生间的清洁流程;熟悉住客房、走客房、空房等各类客房的清洁流程及注意事项;掌握开夜床程序;按程序和标准独立完成走客房的清扫。

二、实训项目 ▶

1. 清扫前的准备工作

作业项目	作业程序	说明
着装上岗	(1)按规定穿好工作服,工牌要按规定佩带在左胸上方; (2)检查个人卫生,保持清洁干净,给客人留下较好的印象; (3)着装完毕后,在走出更衣室之前面向穿衣镜检查自己的微笑,保持一个良好的精神面貌; (4)提前五分钟到岗签到,接受领班或主管分配的工作。	(1)制服清洁、平整,不可以有开线和纽扣脱落; (2)严格按照酒店关于客房服务员仪容仪表的规定整理仪容; (3)开工前注意调整自己的情绪,微笑地走向工作岗位; (4)精神饱满,准时到岗。

作业项目	作业程序	说明
签领客房钥匙	(1)到客房中心签到,领取钥匙; (2)填写"钥匙收发登记表"。	(1)在"钥匙领用登记表"上签名,不得代领,领好后要仔细检查钥匙是否完好、数量是否正确; (2)领取后必须随身携带。
领取客房物品	(1)根据出租率及日(月)消耗量填写物品申领单,由领班审核并在申领表上签名; (2)到领物处领取客房物品,服务员应拿申领单的第二联仔细核对物品数量。	符合定量要求。
整理工作车	(1)清洁工作车; (2)挂好垃圾袋; (3)按规定准备并放置棉织品; (4)根据规定数量准备易耗品并放置到规定位置; (5)按规定准备好清洁药剂、工具及尘布,摆放整齐。	(1)服务员应在每次交班前将自己的工作车整理完毕,在接班时检查工作车是否准备完毕; (2)检查工作车有无零件脱松等损坏现象; (3)棉制品及易耗品应根据清洁房间数量配好相应数量; (4)工作车上不得存放个人物品。

2. 敲门进房程序

作业项目	作业程序	说明
观察门外的情况	留意客房门把手上有无挂着"请勿打扰"牌或亮有 DND 指示灯,没有的情况下才可进行下一步操作。	若下午 14:00 之后房间仍然挂着"请勿打扰"牌或亮有 DND 指示灯,则应通过客房服务中心值班员致电询问客人是否需要房间清扫服务。
敲门	(1)站在门外中间位置,面带微笑注视着门窥镜; (2)用指关节敲门三下,并报身份,"Housekeeping,您好,客房服务员"; (3)若无回应,按门铃一次; (4)仍无回应,接着敲门三下,报:"您好,客房服务员"。	(1)站立时保持身体正面对着房门,与门的距离为一脚宽; (2)每次敲门后给客人一定的反应时间; (3)不可通过门窥镜向房间内观察。
开门	(1)用钥匙开门,缓慢推开房门成 15 度角; (2)停顿三秒,报:"服务员",然后将房门开启,进房。	(1)敲门后切勿立即开门或连续敲门; (2)推门时不能速度太快、用力过猛,以免损坏防盗链或撞伤客人。
进房	(1)客人不在房间,将门敞开,插入取电卡,进房打扫; (2)敲门后,客人在房间,征得客人同意后,进房打扫; (3)客人在卫生间或正睡在床上未醒,立刻轻轻退出,并带上房门; (4)客人在房间已醒或正在穿衣,立刻道歉离开,并带上房门。	(1)切忌将房间钥匙卡插在取电卡处,以防丢失; (2)服务员在房间内清扫,房门应敞开。

3. 做床程序

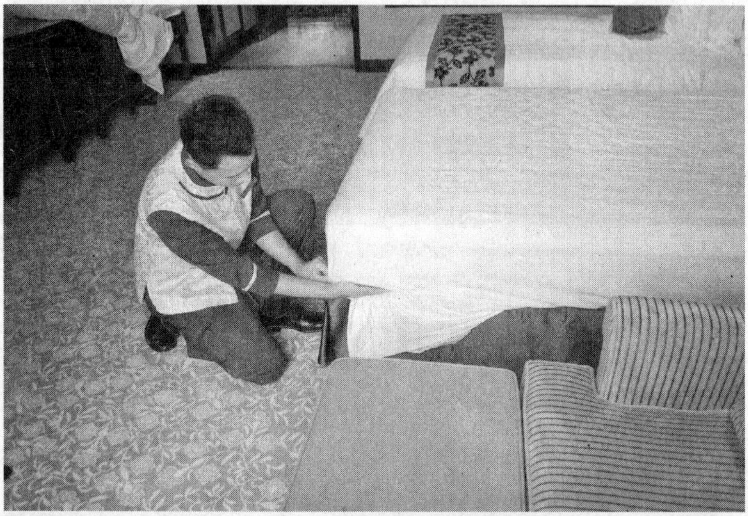

作业项目	作业程序	说明
拉床	(1)屈膝下蹲，用手将床架连同床垫拉出离床头板 50～60 厘米； (2)将床垫拉正放平，便于操作。	(1)检查垫单四角的松紧带和衬垫的卫生状况； (2)留意床垫上所写数字是否为本季度标准，是否需要翻转床垫。

作业项目	作业程序	说明
铺床单	(1)站在床尾中间位置，将床单正面朝上向前方甩开，使床单中线居于床的正中位置； (2)均匀地留出床单四边，把床头、床尾的四个角包严。	(1)注意床单正面朝上； (2)四个角的样式、角度要均匀、紧密。
铺被套	(1)站在床尾中间位置，把被套反面朝上向前方甩开使被套平铺在床上； (2)被套的中折线处要位于床的正中位置。	
套被套	(1)两手从被套开口处伸入，同时卷起被套的第一层和棉被； (2)拉出两只被角(连同被套)将棉被及被套理平，使被套平整、饱满； (3)两手分开，抓住棉被(连同被套)向前抛甩，使棉被和被套的四角对齐、饱满。	注意整理平整，被心不得外露。
套枕套	(1)将枕芯两角推入枕套角部； (2)将开口部分整理好，四角对齐、饱满。	检查枕套有无污渍及破损，如有应立即更换。
放枕头	将枕头叠放在床头的正中，要将枕套中线与床、被套中线三线合一。	(1)枕芯不可外露； (2)单人床枕套开口应背离床头柜，双人床枕套开口要相对而放。
将床复位	(1)借助小腿外侧的力量，将床慢慢推回原位，使床和床头板对齐； (2)再检查一遍看床是否铺得整齐美观。	(1)通常是在吸尘之后将床复位； (2)整理整体效果。

4. 清洁卫生间

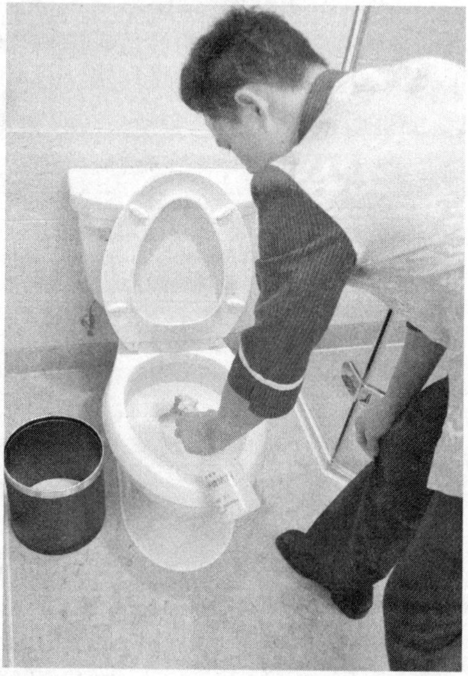

作业项目	作业程序	说明
清洁准备	(1)打开浴室的灯具,并打开换气扇; (2)将清洁用具带入卫生间,放置在洗脸台下方的地面上; (3)将地巾铺在卫生间门口,防止将卫生间的水带到卧室的地面上; (4)放水冲净坐厕,在坐厕内喷上清洁剂。	(1)除去马桶内脏物,为下一步打扫节省时间; (2)注意检查卫生间的设施设备,发现故障及时开具维修单报客房服务中心。
撤掉客人用过的布巾	检查并撤掉客人用过的脏毛巾、浴巾、脚垫等,放入工作车上的布件袋内。	在撤脏布巾时注意勿将客人物品撤掉。

作业项目	作业程序	说明
倾倒垃圾	(1)将客人用过的牙具等易耗品收集在垃圾袋内； (2)将卫生间垃圾桶内的垃圾倒在工作车上的大垃圾袋内； (3)用尘布将垃圾桶内外侧擦拭干净。	清理纸篓时脏物要集中到指定的垃圾袋内。
擦洗卫生间烟灰缸	(1)清洗湿抹布，放在一边待用； (2)烟灰缸、皂碟清洗后放回原处。	注意向烟灰缸内倒入水，确保烟灰缸内烟头熄灭。
清洁面盆及台面	(1)用软的清洁工具倒上或喷上清洁剂擦拭面盆，放水冲干净，用干抹布擦干水迹； (2)水龙头、毛巾架等五金配件用干抹布擦亮； (3)最后从里到外擦干净整个洗手台面，包括物品盘和物品架。	(1)确保面盆、洗手台面清洁后光洁亮泽、无水迹； (2)确保面盆、洗手台面无毛发、无灰尘。 (3)检查下水道是否通畅。
清洁浴缸	(1)关闭浴缸塞； (2)放少量热水，使用多功能清洁剂，用浴盆刷从里到外进行洗刷； (3)洗刷后放走污水，用清水冲洗墙面和浴缸，不能留有任何污渍和水迹； (4)用消毒剂或专用药水严格消毒； (5)用专用干抹布将浴盆四周、外沿、内沿擦净。	(1)墙面与浴缸的接缝处要彻底洗净并擦干，以免发霉； (2)确保下水口位置无毛发、无脏物； (3)若浴缸内放置有橡胶防滑垫，要注意清洗，确保无毛发、无脏物。
清洁淋浴间	(1)用海绵块倒上适量的清洁剂清洗淋浴喷头、水龙头、墙面(整体浴室为玻璃)； (2)用清水洗净并用抹布擦干； (3)擦亮五金配件。	(1)确保淋浴间玻璃、墙面无水迹； (2)确保五金配件光亮无尘。

作业项目	作业程序	说明
清洁恭桶	(1)用长柄刷擦洗恭桶内壁，同时注意对恭桶入水口和出水口的洗刷； (2)用专用抹布擦净恭桶内外、坐圈、盖板； (3)用清水对洗刷液残留物进行彻底冲洗； (4)用消毒剂或专用药水严格消毒。	(1)清洁恭桶内部位置：恭桶内壁、下水口； (2)清洁恭桶周边位置：水箱、恭桶坐垫、坐垫合页、恭桶底座及水上管阀； (3)确保亮洁、无异味。 (4)检查恭桶下水道有无故障。
补充客用品和布巾	(1)按规定补充客用品和布巾； (2)按规定位置进行摆放。	(1)放置各类棉织品时注意把带有酒店店徽的一面朝外； (2)若布巾及牙具进行了个性化区分，注意区分摆放及补充。
清洁地面	(1)先将去污剂洒在地面上； (2)用专用抹布擦洗后用清水冲净； (3)用潮湿的布子擦干净； (4)注意清洗地漏。	(1)按照从上到下、从里到外的顺序清洁； (2)确保清洁后光洁亮泽、无水迹。
检查并退出	(1)再次检查，确保无遗漏、无死角； (2)把清洁用品全部带走； (3)关灯； (4)将卫生间的门虚掩并记录时间。	

5. 客房杯具消毒

作业项目	作业程序	说明
收集杯具	(1)将房间内撤出的杯具送到消毒间； (2)将杯内的残留物倒入垃圾桶内。	若杯具内有饮料可以不撤出房间。

作业项目	作业程序	说明
浸泡、预洗	(1)先将杯具放入预洗清洗池内进行浸泡； (2)用餐具洗涤精去污； (3)刷洗干净。	对杯具内壁、外壁、底部进行全面清洗。
药物消毒	(1)将预洗完毕的杯具放入消毒池内； (2)用酒店规定的消毒溶液浸泡杯具。	消毒池保持干净、无杂物。
清洗、擦拭	用清水冲洗消毒过的杯具； 用消毒过的干布擦拭干净杯具。	在灯光或光线下检查玻璃杯，要求无水迹、无手印、无毛絮。
高温消毒	将杯具正面朝上放入消毒柜里，消毒30分钟。	保证消毒时间。
存放	等消毒完毕后，方可打开取出杯具，放入保洁柜里。	(1)开柜前开窗通风； (2)戴一次性手套操作； (3)拿消毒杯具握住杯底部分，不可拿捏杯口。

6. 走客房的清洁

作业项目	作业程序	说明
停放工作车	(1)将工作车停于客房门口； (2)吸尘器放置墙边。	工作车在挡住房门1/3处靠墙停放。
进入客房	(1)按正确的进房程序进入客房； (2)确认无人后填写工作时间表，准备开始工作。	(1)不能直接用钥匙开门进入； (2)敲门时要目视门窥镜，便于客人观察门外情况； (3)在打扫过程中无论客人是否在房中都应该打开房门，直到清扫完毕。
拉开窗帘、关灯、关空调	(1)先拉开窗帘，打开窗户； (2)关闭空调，熄灭多余的灯(只保留清洁用灯)以节约能源消耗； (3)检查帘子是否有脱钩、破损情况。	房间中若有异味则应喷洒空气清新剂。
检查	(1)检查有无客人遗留品，如有按遗留物处理规程操作；贵重物品立即通知管理人员收取。 (2)检查有无工程项目，有无设施、设备和物品丢失和损坏，如有立即报客房中心。 (3)检查饮料是否充足，如不足及时报到客房中心，由服务班添补。	不可私自将客人的剩余物品、饮料、自带物品撤出房间。

作业项目	作业程序	说明
清理垃圾并撤走用过的客用物品	(1)将烟缸内的烟头倒入指定的垃圾桶内； (2)将烟灰缸在浴室内洗净、擦干； (3)撤出客人用的餐具、茶具、水杯等，将茶杯内的茶渣提出(袋泡茶)放进垃圾袋； (4)将垃圾清理倒入垃圾袋，扎口后放入工作车垃圾袋内，垃圾桶内换上新的套袋； (5)清扫地面较大的垃圾。	(1)不可将烟缸内的脏物倒入马桶中，避免马桶堵塞； (2)注意熄灭烟头，及时消除安全隐患； (3)清理垃圾时，应注意对客房垃圾进行分类处理，凡是具有再利用价值的物品应及时回收，并加以利用。
撤床	(1)观察床面是否有客人物品； (2)拉出床垫距床头50厘米； (3)逐条撤下用过的布草放入工作车内，并带入相应数量的干净布草。	(1)撤换时应仔细检查是否有夹带客人的遗留物品； (2)撤下的布草不可放在地面上，更不可用来抹尘。
做床 (详见做床服务程序)	(1)铺床单； (2)铺被套 (3)套被套； (4)套枕套； (5)放枕头； (6)整理； (7)将床退回原处。	熟练地按照做床的标准执行操作。

作业项目	作业程序	说明
抹尘、检查设备	(1)从房门开始按照顺时针或逆时针方向进行抹尘； (2)擦拭房门，并检查房门是否能够自动闭合，检查门锁、门铃是否完好； (3)用干抹布擦拭廊灯； (4)擦拭壁橱，同时擦净衣架、挂衣杆，并检查壁橱内洗衣袋、衣架、礼品袋等物品是否按规定摆放，检查保险柜是否完好并能正常使用； (5)用镜布擦拭穿衣镜，保证光亮、无尘、无水迹； (6)擦拭行李架； (7)擦拭小冰箱，检查冰箱内物品是否完整，检查冰箱是否正常运转； (8)用干布擦拭电视机，并打开电视，检查图像是否清晰，是否正常运转，将遥控器按规定摆放整齐； (9)擦拭书写台及梳妆台，将服务指南等物品按规定摆放整齐； (10)用干布擦拭地灯； (11)擦拭床头柜，检查电话机是否正常； (12)擦拭沙发，注意清理靠背之间的脏物； (13)用湿布擦拭窗台； (14)用湿布擦拭装饰画框，用干布擦拭画面，摆正挂画； (15)用干布擦拭空调开关上的灰尘，并检查空调是否正常运转。	(1)按顺时针或逆时针方向抹尘，做到不漏项； (2)抹尘时遵循从里到外、从上到下的原则； (3)干湿布要分开，擦镜面及家具的尘布要分开，严格遵守酒店尘布使用规定； (4)不用客人“四巾”做抹布； (5)抹尘时注意清洁死角； (6)每做一项就顺便认真检查一项，以便保证做事的效率； (7)检查过程中若发现设施设备损坏，应及时开具维修单，报送客房服务中心； (8)按照房间检查规程进行检查。

作业项目	作业程序	说明
补充客房用品	(1)补充新的茶具、水杯； (2)更换房间内摆放的水果盘、水果刀、餐具等； (3)更换、配备各种文件用品、宣传品。	(1)放置时手拿杯子底部，注明“已消毒”字样； (2)添补的物品按照酒店规定整齐摆放。
吸尘	(1)先把吸尘器电线理顺，把吸尘器拿进房间后插上电源再开机； (2)从窗前区开始，从里到外吸尘； (3)吸地毯时，要按顺纹方向推； (4)吸尘时要注意把藏在缝隙内的毛发吸走。	(1)注意行李架、写字台底部、床头柜底部等边角位置的吸尘； (2)地面有水的地方不能吸(一定要先擦干地面)，防止因漏电而发生意外； (3)若发现地毯有裂口，即时报告工程部，以便工程部员工可以及时修补好。
清洁卫生间	按卫生间操作规程操作。	按卫生间检查规程进行检查。
环视检查，关灯锁门	(1)关窗，调整窗帘； (2)调试中央空调至合适的温度； (3)看有无漏项、物品是否备全、整体效果是否符合卫生标准； (4)关灯，轻轻关上房门； (5)填写“清洁报告表”，填明操作时间、撤换物品和维修项目等。	(1)将防尘帘拉上，里层窗帘拉开； (2)不可将清洁用品遗漏在客房中。

7. 其他客房的清扫

作业项目	作业程序	说明
空房清扫	(1)进房开窗； (2)将室温调节到合适的温度(一般是22 ℃～24 ℃)； (3)用干布擦去桌椅、电视机、电话、灯具、床头柜等设备、用具上的灰尘； (4)连续空着的房间，每隔两三天要吸尘一次； (5)卫生间的面盆、浴缸、马桶都要放水一至二分钟，以保证水质清洁、无异味； (6)卫生间的毛巾因干燥而容易失去柔韧性，若不符合要求，须在客人入住前换好； (7)检查房间设施设备情况； (8)关窗，拉上纱帘，环视检查，退出房间。	每天检查一次，看是否有异常情况。
维修房的清洁	(1)服务员接到维修房修好的通知，立即到达指定的房间； (2)检查所修理的项目是否完好； (3)按正常的清扫客房、卫生间的程序进行房间整理； (4)整理完成后，马上报告领班或房务中心，以及时出租客房。	如故障尚未排除，应马上再报领班，进行登记。

作业项目	作业程序	说明
住客房的清扫	客人在房内： (1)礼貌问好，询问客人是否方便清扫客房； (2)按照客房清扫操作流程操作； (3)清扫完毕向客人致歉，并询问是否有其他要求，然后向客人礼貌道别退出房间。 客人不在房内： (1)按照客房清扫流程进行操作，客人的文件、书报等不要随便合上，不要随便移动，更不要翻看； (2)除放在垃圾桶内的垃圾外，即使是扔在地上的废旧物品，也只能替客人做简单清理，千万不要自行处理； (3)抹衣柜、行李架等时，一般只要除去大面积的灰尘即可； (4)查看客人有无待洗的衣物，并仔细核对衣物单，确认无误后再送交到洗衣房； (5)客人放在椅子上和床上的衣物不得翻动或挪动，尤其是女士的衣物。 (6)清扫完毕退出房间。	(1)要轻便、动作敏捷、程序熟练，不能与客人长谈； (2)若遇到有来访的客人，应询问是否进行清扫工作； (3)在清洁客房过程中，遇到客人中途回房应主动向客人打招呼问好并请客人出示钥匙或房卡，确认是客房住客后向客人征求意见看是否继续打扫； (4)在清扫过程中，即使房间电话铃响了也不应该接听，酒店总机会为客人提供留言服务； (5)若不小心损坏或丢失了客人的物品，应立即向主管报告并主动向客人道歉，根据具体情况，由客房部出面予以赔偿。

8. 夜床服务

作业项目	作业程序	说明
进入房间	(1)按照敲门进房程序操作； (2)若客人在房内，应礼貌问讯，征得客人同意后方可进入； (3)若客人不需要做夜床，需表示歉意，并道晚安； (4)确定房内无人才可启门进入房间。	夜床服务通常在晚上18:00以后进行；此时客人多外出用餐不在房内，既可避免打扰客人又方便服务工作。

作业项目	作业程序	说明
整理房间	(1)进房后开灯，将空调开到适宜的温度上，轻轻拉上窗帘； (2)清理、整理烟缸、废纸杂物； (3)更换用过的茶具，检查热水是否备妥； (4)简单清理桌面卫生。	房间灯具主要打开房间门廊灯、床头灯和夜灯，除客人特殊要求外，其他灯具均关闭。
补充物品	(1)及时补充客房服务用品、文具用品； (2)客人用过的毛巾等要及时更换； (3)补充茶叶、矿泉水。	
开床	(1)将床罩取下叠好，放于规定的位置； (2)将靠近床头柜一侧的被子反折成45度小三角。 (3)折松枕头并将其摆正，若有睡衣则应叠好放于枕头上，同时按规定摆好拖鞋； (4)按酒店的规定在床头的枕头上放置晚安卡、小物品等。	一室二床，客房内如住一位客人，一般开内床(靠墙壁的那张)，或按客人的习惯开床，不要同时开两张床，尤其是只住一位女士时；若住的是夫妇客人，则要将两床对角打开；若房间是双人床，居住的是夫妇客人，则要将床头两侧的被角同时做好。
整理浴室	(1)简单清洗面盆、浴缸、马桶； (2)撤换用过的毛巾，补充浴室卫生用品(尤其是 VIP 房)； (3)若有防滑垫，平放在浴缸的适中位置； (4)把脚巾平放在靠浴缸的一侧。	如有客人物品要小心擦拭，避免损坏。

作业项目	作业程序	说明
检查、离房	(1)检查一下所整理的房间有无遗漏之处； (2)轻轻关上门，填写晚间服务记录； (3)若有客人在房间，要向客人道声“打扰了，晚安”，再将门轻轻带上。	未住有客人的客房，每天晚上也要进行检查一次。

9. 客房二次打扫工作细则

作业项目	作业程序	说明
进房	严格按进房程序进房。	工作车按规定摆放于客房门口。
清理房间垃圾	(1)清理烟缸内的烟头并将烟缸清洗干净； (2)将垃圾桶内垃圾倒掉并清洗干净，用干布擦干； (3)更换垃圾桶内的垃圾袋。	(1)若烟缸内有带有字迹的纸片时不要轻易倒掉； (2)清理烟缸、垃圾桶时动作一定要轻柔。
清理使用过的布草	(1)将客人使用过的布草撤出； (2)换上干净的布草。	(1)撤布草时，不要把客人自己带的布草收走； (2)确保无脏、湿布草。
整理床铺	(1)将客人的床整理干净； (2)按做床的标准重新调整客床。	(1)客人放在床上的物品不能移动； (2)确保整理后的床铺整洁、美观、标准。
整理家具	(1)将散乱移位的家具、物品整理归位； (2)将客房内的空纸袋收出； (3)看客房内的办公用品、便签、客户指南是否需要补充。	按照客房物品的陈设标准进行摆放。

作业项目	作业程序	说明
查补饮料	(1)仔细核对冰箱、酒篮内的饮料有无消费； (2)开账单，并将所开账单的第四联放在台面的右下角或酒篮处； (3)在工作本上记录所消费的饮料； (4)补充相应的饮料并在工作本上做好记录。	(1)记录准确； (2)查看剩下的饮料中是否有变质、过期现象。
清洁地毯	(1)先清扫地毯上较大的垃圾； (2)若需要时可进行吸尘。	地毯无斑渍、纸屑。
清理卫生间垃圾	(1)清理烟缸； (2)清理盥洗台上用过的废弃物品； (3)清洗垃圾桶并更换内部的垃圾袋。	操作标准同客房烟缸、垃圾的清理过程。
清洁卫生间	(1)清洁卫生间的马桶、盥洗台、浴缸等； (2)擦干镜面、地面； (3)补充布草、一次性物品和洗浴用品。	确保无斑迹、水渍、头发。
检查并退出房间	(1)站在门口环顾卫生间，看有无被遗漏的项目； (2)关灯，将门虚掩； (3)将客房窗台上的防尘帘拉上，将遮光窗帘拉开； (4)看客房有无遗漏项目； (5)关门并认真填写清扫报告。	确保做到无遗漏项目。

10. 房间日常清扫的检查

作业项目	作业程序	说明
房门	(1)门锁转动是否灵活，开门时是否有声响； (2)门框有无变形，门框是否清洁完好； (3)房间的号码牌是否清楚，门铃是否正常； (4)门窥镜、防盗链是否完好； (5)“请勿打扰”及“请及时清扫”的牌是否齐全； (6)门后“安全指示图”是否清楚。	进门后按顺时针或逆时针方向扫视，检查一遍看工作有无漏项。
衣柜	(1)柜内自动开关灯是否工作正常； (2)是否有足够的衣架及洗衣袋； (3)柜内衣架是否清洁、干净； (4)洗衣袋是否摆放到位； (5)保险箱能否正常工作。	
桌椅、行李架	(1)检查是否牢固、按动时有无噪音； (2)是否清洁光亮； (3)抽屉拉手是否灵活； (4)行李架是否稳固，确保可承受足够的重量。	
冰箱	(1)冰箱外部是否清洁、光亮、无手印； (2)通电时操作是否正常； (3)是否按规定的数量在其中放置了饮料； (4)是否备有饮料清单、客人签单及开瓶器。	

作业项目	作业程序	说明
空调	(1)空调是否正常运转,温度是否适中; (2)遥控器是否灵活,并注意及时更换电池; (3)运转时是否发出巨大的声响; (4)风口是否藏有灰尘。	
电视机	(1)电视机的图像是否清晰,声音是否正常; (2)遥控器是否在电视柜上,并注意及时更换电池; (3)开关处有无手印、是否清洁。	
电灯	(1)灯泡是否有积尘; (2)各类灯罩是否清洁无尘,灯罩处的接缝是否朝后; (3)开关处是否光亮无手印。	
电话	(1)电话是否正常; (2)电话上讯号灯和指示灯有无故障; (3)电话机是否清洁卫生;话筒处是否有积尘; (4)电话线是否收拾整齐。	
床	(1)床单、枕套是否干净、平直、无破损; (2)床头板、床头柜是否稳定、牢固; (3)床下是否干净、有无遗留物品。	
窗帘	(1)防尘帘是否清洁、美观,客人入住前是否拉闭; (2)遮光帘是否有破损、脱钩现象,两扇窗帘的位置是否对称; (3)窗帘的齿轮是否可以转动自如。	

作业项目	作业程序	说明
天花板	(1)天花板是否有裂痕、漏水或起水泡得现象； (2)墙角是否有积尘、蜘蛛网。	
墙壁	(1)墙纸是否有破裂的现象； (2)护墙板是否有灰尘； (3)墙上的画框之类的挂件是否端正、有无倾斜、是否有积尘。	
地毯	(1)是否平整、清洁； (2)有无破损或湿处。	
纸篓	(1)垃圾是否倒净； (2)垃圾篓内外是否清洁干净； (3)篓内有无套上干净的垃圾袋。	
其他用品	(1)服务夹(文件夹)内的物品是否齐全； (2)是否放在合适的位置上； (3)茶具是否清洁干净； (4)烟缸是否清理干净； (5)衣刷、鞋拔、擦鞋巾、鞋袋是否备好。	

11. 卫生间日常清扫的检查

作业项目	作业程序	说明
浴室门	(1)门锁转动是否灵活,门的表层是否有破损及弯曲状况; (2)保险栓是否结实,门框上是否有积尘; (3)门后挂衣钩是否松脱。	
镜子	(1)镜子是否有破裂或水银发花的现象; (2)镜面是否无污渍。	
通风口	(1)通风口是否通气; (2)是否清洁、无积尘。	

作业项目	作业程序	说明
马桶	(1)盖板及坐板掀合是否灵活； (2)是否消毒、清理干净； (3)放水手掣是否过紧或过松； (4)排水系统是否正常； (5)内外壁有无污渍。	
浴缸	(1)浴缸排水道是否通畅； (2)浴帘杆、钩是否牢固，防滑垫、浴凳是否干净； (3)冷热水笼头及喷头是否正常，所有金属部件是否光亮。	
洗脸台	排水系统是否顺畅。	
地面	(1)有无毛发及污渍； (2)有无磨损极腐蚀； (3)下水道是否清洁、畅通、无异味。	
浴室用品	(1)一次性用品是否齐全； (2)毛巾等商标是否向外，酒店的标识是否明显。	
浴室的灯光	(1)检查灯泡是否坏掉； (2)开关处是否安全，如有外漏的电线应立即报修。	

案 例 ▶

10 月 3 日晚，服务员在清理 1201 号房间时，把所有的垃圾都收走了，晚 22 时张先生回房间后反映，他花费了好长时间才收藏的一个可口可乐瓶子被服务员当垃圾收走了，引起了张先生的极度不满，事后我们向客人道了歉，主管李世辉去垃圾站找回收藏品，并和总值班王经理一同送到客人房间，再次向客人赔礼道歉，并做了升值服务，以消除顾客不满。

分析：在对客服务中不仅要讲究房间要打扫干净，给客人创造一个整洁、干净的住宿环境，还要给客人以身心上的享受，除了整理好房间之外，还要营造一种气氛，就是家的感觉，这就要靠服务员的用心，在工作过程中要注意客人的一切，包括喜好、习惯，比如说可乐瓶子，当服务员发现多日来房间里放着许多可乐瓶子，种类还不一样，就应该多注意一下这方面，为什么会出现这种情况，如果说服务员早就注意到这一个特殊信息的话，肯定可以知道客人这一爱好，并会多注意，更不用说去仍掉客人辛辛苦苦攒的东西了。所以在日常工作中服务员注意留心客人的一切信息，再加上好的服务理念，并配以及时、快速的行动，就可以很好地为客人提供个性化服务了。另一方面，服务员在清理房间过程中，一定要谨慎，对于客人的东西不能乱动，该清理的要清理掉，遇到自己拿不准的应该及时请示主管或经理，不可擅作主张，以免引起客人不必要的误会和不快。

4 第四章 客房部的计划卫生

一、实训目标

通过本章的学习，使学生掌握计划卫生的形式、主要内容及工作要领，熟悉客房计划卫生内容；熟悉客房地毯清洗程序、床垫的维护方法、各种金属设备的保养等；学会合理安排客房计划卫生工作。

二、实训项目

1. 窗户的清洁

作业项目	作业程序	说明
清洁玻璃	(1)用涂水器蘸上清水，涂于玻璃表面，要用力涂擦，各部位均要擦洗到； (2)用刮水器从上至下、从左至右，把玻璃上的污迹刮干净； (3)刮洗结束后，要用干净抹布将边框处水迹擦去。	(1)清洁开始前一定要带齐以下工具：刮水器、刮条、水桶、玻璃刮刀、涂水器、清洁剂、干净抹布； (2)使用刮水器时要用力均匀，且要保持连续性，避免在玻璃上留下印迹； (3)玻璃干净明亮，无灰尘、污渍。
擦拭窗台	(1)用小刷子刷去玻璃窗框和滑道上的灰尘； (2)先用湿布擦拭窗台和滑道，再用干布擦干。	
检查收尾	(1)检查玻璃上有无未除去的污迹，如有，应重复以上工作程序； (2)用抹布将玻璃框及窗户下地面擦拭干净； (3)收齐所带工具，清洗后放入储备室。	切忌用刮水器干刮，这样会损伤刮条。

2. 木质家具上光

作业项目	作业程序	说明
准备工具	准备好干净的布巾和上光蜡。	
叠布巾	将干净的无毛的布巾对折，折叠两次。	
喷蜡	将蜡均匀地喷洒在布巾上（两者的距离在 20 厘米左右）。	喷前先摇匀。
擦拭	(1)按从上到下、从内到外，顺时针方向擦拭； (2)每次擦拭距离间隔不超过 2 米，反复擦拭若干遍。	
上光	(1)再次将蜡摇匀喷洒在布巾上； (2)再次快速擦拭原表面。	木质表面上光与擦拭时间隔 15 秒左右。

3. 铜器抛光

作业项目	作业程序	说明
清洁	先用干净抹布擦净铜器上的灰尘及污渍。	(1) 准备好专用抹布和专用抛光剂等； (2) 移开铜器旁边的物品家具，或用废布遮盖，避免污染。
喷涂抛光剂	(1)将抛光剂摇匀，倒适量于抹布上； (2)用抹布均匀地涂抹铜器表面。	抛光剂的量要适当，避免外流。
擦拭	(1)两分钟后用干净的抹布擦拭铜器表面； (2)将所有的抛光剂都擦拭干净以防形成铜绿。	用抹布擦拭时用力要均匀。

作业项目	作业程序	说明
抛光	用另一块未占有抛光剂的柔软抹布，迅速反复擦拭铜器表面，直至铜器干净、明亮。	擦拭金属制品时不可用湿抹布，以免造成氧化。

4．翻转床垫

作业项目	作业程序	说明
编号	(1)核准床垫上的标号，按每季度编号，床头正、反面为1、3，床尾正、反面为2、4； (2)床垫标号分别贴于床垫的两面前端； (3)正面为1、2，反面为3、4； (4)分别贴于床头、床尾。	号迹清晰、无涂改，位置准确。
检查标号、翻转床垫	(1)第一季度以标号1在床尾，2在床头； (2)第二季度将床头向床尾转180度，以标号2在床尾，1在床头； (3)第三季度将床垫旋转180度，床头向床尾翻转180度，以标号3在床尾，4在床头； (4)第四季度将床头向床尾转180度，以标号4在床尾，3在床头。	每季度在第一星期完成。

5．清洁空调网

作业项目	作业程序	说明
准备工作	准备好抹布、多功能清洁剂。	

作业项目	作业程序	说明
清洗空调网	(1)打开空调进风口盖板； (2)取出空调网，用吸尘器吸去网上的灰尘； (3)用清水冲洗空调网； (4)洗净后，用尘布将空调网上的水擦拭干净； (5)将空调网放回到进风口处，复位，盖好盖板； (6)用干的尘布将盖板抹干净。	

6. 冰箱除霜

作业项目	作业程序	说明
准备工作	准备好抹布、多功能清洁剂。	
冰箱除霜	(1)将冰箱内所有物品撤出； (2)将冰箱温档拧到“0”处； (3)4小时后冰霜融化，用干抹布将水擦拭干净； (4)擦拭冰箱门上的搁板和门封条； (5)将饮料归位。	(1)确保冰箱内无异味、无污迹； (2)按从上到下，从里到外的顺序擦拭。

7. 地毯除渍

作业项目	作业程序	说明
准备工作	根据地毯污渍种类准备清洁工具及清洁剂。	

8. 抽洗法清洗地毯

作业项目	作业程序	说明
准备工作	(1)将地毯洗涤机、吸水机、除渍剂等工具和洗涤剂通过员工电梯运至施工房间; (2)移开或撤除施工现场家具; (3)准备鼓风机。	(1)检查工具是否齐备; (2)搬动家具时既要注意人身安全,又要注意不要把家具损坏。
吸尘	(1)用吸尘器将需洗涤的地面彻底吸净; (2)大的垃圾用手捡拾。	保证干净、无灰尘、无杂质。
除污	根据地毯除渍程序操作。	
灌注清洁剂入机器	(1)根据地毯脏污程度和清洁剂使用说明书的规定配制清洁剂; (2)拧开地毯机上的电子打泡箱顶盖,将兑好的清洁剂倒入、盖好盖子。	一般按照1:30的比例加水稀释清洁剂;特别严重污渍按1:15的比例勾兑。
开机洗涤	(1)接通电源; (2)开启电子灯泡箱工作开关,约5秒左右,清洁剂呈泡沫状从机器底盘下溢出; (3)将调速开关调至低速(即165转/分钟)按下操作手柄,电机启动; (4)均匀用力移动机器由里向外作横向扫描洗涤,注意上下洗涤部分须重叠2～3寸。	(1)对污迹较重的部位可反复清洗; (2)如果泡沫太多,可加消泡剂; (3)抽洗时不宜选择潮湿的雨雪天,防止客人走动造成二次污染。
抽水机抽吸	抽吸表面残留的泡沫脏物,从外向里,从上往下吸。	
风干地毯	(1)理顺地毯毛,使其直立,便于风干; (2)打开空调机或打开窗子通风。	必要时要用鼓风机,以加速空气流动,吹干地毯。

作业项目	作业程序	说明
清理现场	(1)清洗干净所用的设备和工具； (2)晾干后全部放回到储备室。	
二次吸尘	(1)待地毯完全干透后，用吸尘器仔细给地毯的每一处吸尘； (2)用抹布将残留的清洁剂擦掉。	地毯上应无灰尘、干净、柔软。

9. 干泡法清洗地毯

作业项目	作业程序	说明
准备工作	(1)将地毯洗涤机、吸水机、除渍剂等工具和洗涤剂通过员工电梯运至施工房间； (2)移开或撤除施工现场家具。	准备好以下物品：单擦机、电子打泡箱地毯刷(用于机械式清洁)、手刷、盛水桶、干净抹布、除迹板刷(清理地毯上局部小面积斑痕)、清洁机、吸尘器。
吸尘除迹	(1)首先清扫干净地毯上的大垃圾； (2)再用吸尘器吸去灰尘； (3)根据不同的污迹，用除迹板刷清除地毯上的斑迹。	做到地毯上无杂物、无灰尘、无小面积污迹。
清洗地毯	(1)用盛水桶打来清水，配制高泡清洁剂，倒入电子打泡箱内； (2)安装地毯刷； (3)接通电源，根据地毯受污程度，调节电子阀以控制流量大小； (4)从离出口最远处开始洗涤，采用地毯刷来回重叠方法清洁，每刷之间重叠三分之一，直至结束； (5)用手刷清洁地毯边角处。	

作业项目	作业程序	说明
结束清洗工作	(1)对机器和各种工具进行清洁; (2)将带出来的工具、物品全部放回到储备室。	
二次吸尘	(1)待地毯完全干透后进行吸尘; (2)用吸尘器仔细吸尘,每处均要吸到; (3)用抹布把地毯或家具上多余的泡沫擦掉。	二次吸尘吸去地毯上的清洁剂和污物的结晶。

10. 抽洗沙发

作业项目	作业程序	说明
吸尘除迹	(1)用吸尘器将沙发各部位彻底吸尘; (2)针对沙发上不同类型的斑迹,选用不同去污剂,用手刷清除斑迹。	着重刷洗沙发扶手、靠背、坐垫等易脏部位。
清洗沙发	(1)用水桶打来清水,根据比例配制清洁剂(1:20),倒入抽洗机的清水箱内。 (2)将洁液管接于抽洗机上,并接通抽洗机的电源。 (3)按动手提喷头上的喷雾开关,对沙发进行预喷,要注意均匀。 (4)待清洁剂充分发挥作用时再洗。 (5)手提喷头贴住沙发表面,按下喷雾开关,从前向后洗过沙发;当提起手提喷头时,应放开喷雾开关,并向后多走一段距离,以吸干沙发上的水分;依次清洁即可。	

作业项目	作业程序	说明
二次吸尘	沙发充分干透后，再用吸尘器进行彻底的吸尘。	
结束工作	(1)清洗干净所用的设备和工具； (2)晾干后全部放回到储备室。	

案 例 ▶

案例一：可以先打扫 810 号房间吗？

住在 810 号房的两位客人来自浙江温州，他们今天上午刚抵达成都，经朋友介绍下榻到某酒店。离午饭还有近两个小时，他们去市中心转了转，下午便开始了工作。

次日上午用完早餐回到房里，一位原定下午来与他们商议一宗出口业务的成都市某大公司副总经理来电，因故欲改到上午进行。由于这宗买卖关系到温州客人半个年度的经营计划，同这位副总经理洽谈是他们此次来成都的首要目标，所以尽管上午已有安排，但他们还是一口答应。挂上电话后，他们立即与另外两家公司联系，把原定上午会面的计划推迟到下午。

“邢副总还有半小时便要到达，房里乱七八糟的，赶紧请服务员来打扫吧。”营业部经理对助手说道。

助手开门出去找楼层值台服务员时发现，一辆服务车已停在 801 号房外，房门敞开，显然服务员已经开始在为 801 号房做客房清洁工作。

助手到 801 房，十分斯文地请两位服务员立即打扫 810 号房，最后并说了一声“谢谢”。

两位服务员听到他的要求后面面相觑，似乎有什么难处。“不知我的要求会给你们带来什么困难吗？”助手还是彬彬有礼地询问。

一位年纪稍长的服务员开口了，她说：“我们每天打扫房间都按规定的顺序进行，早上 8 点半开始打扫 801 号房，然后是 803、805 等，先打扫单号，接着才是双号，打扫到 810 号房估计在 10 点左右……”

“那么能不能临时改变一下顺序，先打扫 810 号房呢？”助手十分耐心地问道。“那不行，我们的主管说一定要按规范中规定的顺序进行”，她们面露难色，显然很理解客人的心情，也很想满足客人的要求，但她们不敢违反酒店的规定。

请思考

客房清洁卫生人员应如何处理酒店的规定与客人要求之间的矛盾?

案例二:请勿打扰

"当当当,当当当",服务员小刘小心地敲着1603号房的门。

小刘刚想敲第三次,手指关节刚落到门上,门突然打开了,一张充满怒气的脸出现在眼前。"没看到'请勿打扰'的灯亮着吗? 敲什么门! 我刚躺下一会儿就被你吵醒了!"

小刘连忙看了一下手表,"先生,对不起,现在已经是下午2点40分,按规定长时间亮着请勿打扰灯的房间,我们是要敲门的,以防止客人发生意外。如果你不需要整理房间,那我就不整理了。对不起,打扰了。"

"你说什么? 怕我出意外? 我中午刚刚睡下,休息一会儿就会出意外? 你胡说什么呀!"客人怒气更盛,声音也更大了。

"你的房间上午不是就亮着请勿打扰灯吗? 1603,没错,我的卫生整理报告表上明明做着记号,表明上午是亮着请勿打扰灯的"。小刘还在申辩着。

"上午我没睡觉,你不来做卫生,下午刚睡下,你就来敲门,真是的! 算了,没时间跟你罗嗦"。说完"砰"的一声重重地关上了门。

小刘一下子呆住了,眼睛还直愣愣地望着门,似乎那张愤怒的脸还印在门上。这时恰巧领班走了过来,问怎么回事。小刘描述了刚才发生的事,两行泪极不情愿地流了下来……

请思考

客房清洁卫生人员应该用怎样的心态来面对客人的责难?

5 第五章 公共区域的清洁

一、实训目标

通过本章的学习，使学生充分认识到公共区域保洁工作的重要性，掌握公共区域主要项目的清洁维护和保养方法，了解酒店主要材料表面的清洁保养。

二、实训项目

1. 大厅的清洁

作业项目	作业程序	说明
推尘	(1)准备齐全常用的推尘工具，随时准备推尘； (2)在客人活动频繁的白天，要注意及时将客人带入酒店大堂的尘土清理干净； (3)雨雪天时，要在门中放上存伞架，并在大门内外铺上踏垫和小地毯，同时在入口处不停地擦洗地面的泥尘和水迹； (4)大厅内有地毯处每天吸尘 3～4 次，每周清洗一次； (5)每天夜间 12 点以后打薄蜡一次，并由磨光机磨光。	由于酒店大堂是客人活动频繁的地方，也是酒店的脸面，必须要进行频繁的推尘工作。
抹尘	(1)服务员要每天不间断地巡视大厅各处，并随身带好清洁物品； (2)对大厅的柱面、墙面、台面、栏杆、座椅、沙发、玻璃门、指示牌等进行不间断地擦拭。	(1) 确保无浮尘、无水迹、无手印等痕迹； (2)在擦拭大厅的家具时要注意定时给家具上蜡，注意定期用铜粉擦试铜器。

作业项目	作业程序	说明
清洁烟缸	(1)服务员在大厅巡视时要做好随时清理、更换烟缸的准备; (2)替换烟缸时,首先要用托盘将干净的烟缸盛着,从客人的左侧进行操作; (3)在礼貌地征求客人同意后,用干净的烟缸将有烟头的烟缸盖上,并一同撤走放到托盘里,然后将干净的烟缸换上; (4)操作完成之后,要向客人道歉说:"不好意思,打扰您了。"然后再侧身离开。	保证烟缸内不能存积两个以上的烟头。
整理座位	(1)将客人使用过的沙发、茶几、桌椅及桌上的台灯等随时整理归位,以方便下一位客人的使用; (2)如遗留有垃圾、果皮、纸屑等要立即进行清理,将座位等整理整齐,不要遗留任何脏物。	大厅的人流量比较大,所以整理工作必须及时、迅速。

2. 大理石地面推尘

作业项目	作业程序	说明
准备工作	(1)连接尘推杆、架,将尘拖套在尘推架上; (2)提前12～24小时在干净的地拖上喷适量的地拖油,并保证在使用时尘拖已完全干透。	(1)地拖油均匀喷在尘拖套上; (2)如有污水浸地面,需立即处理。

作业项目	作业程序	说明
推尘操作	(1)双手平握尘推,沿直线方向有顺序、由近及远地推尘; (2)靠近墙角打一个U形弯,确保尘推不离地面; (3)转完后推尘时需与原先推过的地段重叠三分之一的距离; (4)当尘推积满灰尘时,要将尘土和杂物等推至边角不显眼处,然后用簸箕打扫干净或用抹布抹掉。	(1)尘推不可靠近客人,应至少距离客人一米; (2)不可跟在客人后面推尘,应在距客人两米处绕道推尘。

3. 大理石地面起蜡

作业项目	作业程序	说明
准备工作	(1)在工作区域外放置"小心地滑"、"正在打扫"的警示牌; (2)封闭起将要工作的区域。	将起蜡区域内无关物品撤离现场。
起蜡操作	(1)根据旧蜡层的厚薄,用热水(40 ℃~80 ℃)勾兑起蜡水,充分搅拌均匀,将拖布在起蜡水中蘸湿; (2)用湿拖布在地板上拖洗; (3)等10分钟左右,起蜡水完全起作用; (4)用洗地机清洗地面; (5)用吸水机吸去污水及余蜡; (6)用盛满清水的洗地机清洗地面,使地板上的污水及余蜡再次被清洗; (7)用吸水机吸去污水; (8)检查地面,地面碱性不可过大,必要时可用清水再洗一次地面; (9)用鼓风机彻底吹干地面,使石材缝隙中的水干透。	(1)要彻底去除旧蜡层; (2)起蜡水的标准是能将蜡完全起掉就好,浓度不可过大,否则会对大理石地面有腐蚀作用; (3)起蜡后的地面要干净、明亮、无污迹、无碎屑。

作业项目	作业程序	说明
结束工作	(1)清洗干净所用的设备和工具; (2)晾干后全部放回到储备室。	

4. 大理石地面打蜡

作业项目	作业程序	说明
准备工作	(1)在工作区域外放置"小心地滑"、"正在打扫"的警示牌; (2)最好将打扫区域隔离开来,封闭打扫现场。	提醒客人注意安全,绕道行走。
地面除尘	(1)待起蜡后的地面充分干透后,用干净尘推推尘,确保地面干净无尘; (2)打扫时应注意各个角落的清扫。	
打蜡操作	(1)落蜡共需四遍:两遍底蜡,两遍面蜡。 (2)将蜡水倒入盛蜡桶,蜡拖头浸上蜡水后在滤蜡器上擦干。 (3)打蜡时,蜡托头的起动方向如下: ①第一遍底蜡:东西方向移动; ②第二遍底蜡:南北方向移动。 (4)更换干净的蜡拖头: ①第一遍面蜡:东西方向移动; ②第二遍面蜡:南北方向移动。 这样是为了使地面上的蜡面更均匀,避免出现打蜡痕迹。	(1)每遍打完后,要等蜡面完全干透(30～40分钟左右),方可进行下一遍的打蜡工作; (2)打蜡工作不应选择在雨雪天进行,空气潮湿时打上的蜡不易干透,且发黄; (3)打蜡时,蜡拖头在地面上运行的起点要在地面的接缝处; (4)在运行过程中不能有停顿,以免出现明显的接缝痕迹及厚薄不均的现象; (5)打面蜡与底蜡的蜡拖头应分开,避免发生化学反应。

作业项目	作业程序	说明
抛光地面	(1)用高抛机和干净抛光垫进行抛磨,每处打过蜡的地方都要抛磨到; (2)如果时间允许,可在每一遍蜡打完后都进行抛磨,以提高蜡面的平整和光亮度。	蜡面光亮平整。
收尾整理工作	(1)冲洗干净所有的布条、拖把,悬挂晾干; (2)拆下抛光垫或刷子,冲洗干净,悬挂晾干; (3)收起警示牌和所用物品,放回储备室。	

5. 公共洗手间的清洁

作业项目	作业程序	说明
敲门进入	(1)进入卫生间前先敲三下门,确认无人后进入; (2)在门外把手或地上放置"正在打扫"标识。	清洁洗手间时应回避客人。
清理垃圾	(1)将所有垃圾倒入指定垃圾袋中; (2)用专用尘布擦洗垃圾桶内外部; (3)在垃圾桶上套垃圾袋; (4)清理烟缸,并擦拭干净。	

作业项目	作业程序	说明
清洁恭桶	(1)在恭桶内倒入特定清洁剂; (2)用长柄刷擦洗恭桶内壁; (3)用专用抹布擦净恭桶内外、坐圈、盖板; (4)用清水对洗刷液残留物进行彻底冲洗; (5)用消毒剂或专用药水严格消毒,注意区分各尘布及恭桶刷的使用,不可混用。	注意区分各尘布及马桶刷的使用,不可混用。
清洁立式便池	(1)在便池内倒入特定清洁剂; (2)用长柄刷擦洗便池内壁; (3)用消毒剂或专用药水严格消毒。	从上水孔至下水孔按顺序清洗,并用清水冲洗。
清洁镜面、墙面、面盆及台面	(1)分别用专用的清洁工具蘸取相应的清洁剂清洁镜面、墙面、面盆及台面; (2)用干抹布清洁五金件,确保光亮、无水迹。	
补充客用品	按照酒店规定数量补充面巾纸、手纸、洗手液等易耗品并摆放整齐。	
清洗地面	(1)在地面上喷撒万能清洁剂; (2)从里到外拖洗地面; (3)用清水拖洗干净,确保无残留清洁剂。	地面应拖干,以防客人滑到;若地面未干,应放置提示标识。
退出	环视检查整体效果,退出卫生间。	确保卫生间的水龙头、烘干机等设备运转正常,方便客人使用。

6. 电梯的清洁

作业项目	作业程序	说明
抹尘	(1)对客用电梯的壁箱、镜面、按钮、电话机、栏杆及地面等进行不间断地擦拭和清洁,并对按钮要进行定时消毒; (2)经常检查电梯内的电话是否可正常使用,以防突然停电时对救援工作造成麻烦,防止接收到客人的投诉。	电梯是客人使用频繁的地方,对卫生质量的要求也很高。
清理	(1)客流量大时,对于客人在电梯内遗留的烟头屑、杂物等及时地清理干净; (2)清理完成后,若电梯内还有异味,要进行相应的处理,尽量保证电梯内空气质量; (3)电梯内的地毯特别容易脏,必须每天更换新地毯来保证地毯干净无尘迹; (4)清理完电梯内的地面时,若水迹未干,一定要在电梯口放置警示牌,同时热心地提醒客人注意滑倒。	
保养	(1)电梯内的各种设备要定期进行检修和保养,以防发生意外; (2)保养、检修期间要保证有一部电梯正常运转。	

7. 垃圾的清理

作业项目	作业程序	说明
垃圾收集	(1)服务员将各楼层、各部门每日投放的垃圾从垃圾管道中清理出来; (2)将所有垃圾都用垃圾桶盛装,发到指定的垃圾房。	每日清理,防止垃圾产生异味。

作业项目	作业程序	说明
垃圾处理	(1)要经常对垃圾喷洒药物,然后装进垃圾桶加盖,以便杀死虫害和细菌; (2)定时将垃圾运往垃圾场进行处理,不可在垃圾房停留太长时间,否则会产生异味; (3)将垃圾运出垃圾房时,必须走专门的垃圾通道,不可从酒店的正门、侧门走出去。	
垃圾房清理	(1)在每次运走垃圾后,都要对垃圾房进行一次彻底的清扫、喷药、消毒处理; (2)保持垃圾房的清洁卫生,垃圾桶要摆放整齐,保证地面无遗留垃圾,尽量减少异味。	

案　例 ▶

几位客人坐在某酒店大厅休息处的沙发上聊天。其中一位客人王先生从口袋里掏出一盒三五牌香烟,抽出一支,点燃后,便顺手将放在茶几上的烟灰缸移至靠自己的一侧。客人们谈的十分融洽,王先生也一支接着一支的抽着烟。

负责大厅清洁的公共区域保洁员小叶看到烟灰缸中已经有了三、四只烟蒂,便迅速前来为客人更换烟灰缸。她将干净的烟缸叠放在脏烟缸上,将两只烟缸一起撤下,然后按标准将干净烟灰缸放回到茶几的中间位置。

王先生刚要弹烟灰,发现烟灰缸已不在他方便的位置,便又一次将烟灰缸移至自己的近处。

在王先生又继续抽了三支烟后,小叶再次前来更换烟灰缸,她还是将干净的烟灰缸放到了茶几的中间。

这次,王先生终于忍不住说:“小姐,能不能将烟灰缸放在我旁边?”小叶礼貌地回答说:“对不起,先生,酒店的服务标准要求我们将烟灰缸放在茶几的正中间。”

请思考

问题:服务员在服务过程中怎样做到标准与灵活兼顾?

6 第六章 客房住客服务

一、实训目标 ▶

通过本章的学习，使学生掌握客房常规服务项目、超常服务项目及其服务程序；针对不同客人提供针对性的服务。

二、实训项目 ▶

1. 迎客进房

作业项目	作业程序	说明
准备工作	(1)根据酒店的客史档案了解客人基本情况；如国籍、风俗习惯、宗教信仰、健康状况、生活特点、接待标准等情况。 (2)尊重客人习惯，根据客人基本情况布置房间。	(1) 对于客人的特殊要求应该尽量予以满足； (2)对于客人宗教信仰方面忌讳的东西禁止摆放，以示尊重。
电梯厅迎接客人	(1)以规范站姿站于电梯口，调整仪容仪表； (2)客人到达楼层时，应主动上前迎接，热情打招呼并向客人问好； (3)核实确认客人房号； (4)核对清楚后，要主动接拿行李。	确认房卡与开启房号无误。
带客进房	(1)带好房卡或钥匙，引领客人进入房间； (2)引领时，要走在客人的左前方，据客人两至五步，根据客人行走速度调整自己的行走速度； (3)在转弯时伸手示意客人； (4)到房间门口时，告诉客人："您的房间到了"； (5)轻轻敲门两次，将房门打开后退出，立于房门一侧，并礼貌地伸手示意客人先进房间。	

作业项目	作业程序	说明
介绍客房设施设备	(1)询问客人是否需要介绍酒店概况及客房设施设备； (2)介绍酒店概况及客房设施设备的使用方法，回答客人提出的其他问题。	客房介绍因人而异，视客人具体情况有选择地进行介绍。
退出房间	(1)与客人道别，祝客人"住店愉快"； (2)面向客人后退两步后转身离开，面向客人将房门轻轻关上。	向客人介绍自己或酒店服务的联系方式。

2. 送客服务

作业项目	作业程序	说明
行前准备工作	(1)要了解清楚客人确切的离店时间； (2)若客人要在次日早晨离店，要问清楚是否需要叫醒服务、送餐服务等； (3)检查客人送洗衣服是否已经交还给客人，各种托办事项是否已经办好； (4)检查客房内的消费是否已经记入账单，房费是否如期结账； (5)主动征询客人住店意见，若接到客人的投诉，要认真处理。	(1)如果是团队客人，要与其领队联系，确认离店时间； (2)按客人投诉处理程序进行投诉处理。

作业项目	作业程序	说明
送别	(1)客人离店时,主动为其送行李,按电梯; (2)一般客人可送至电梯口; (3)送团体客人时,服务员要按规定的时间把行李集中起来,放到指定的地点,做好行李的交接、清点工作,以防遗漏。	对于年老体弱者主动搀扶,送至大门口或汽车上。
检查	(1)客人离开房间,服务员应立即检查房间、卫生间,看客人是否有遗留物品; (2)若有严重损坏的设备设施,应立即打电话通知前台收银处,避免酒店损失。	若发现客人遗留物品,则按“遗留物品”的处理流程操作。

3. 退房查房程序

作业项目	作业程序	说明
敲门进房	按照进房程序正确操作。	如遇到房内有客人、房门挂有“请勿打扰”或双锁的房间,应立即与客房服务中心核实房态。
检查	(1)检查有无客人遗留物品,如有,按照遗留物品规程进行操作; (2)检查设备设施是否完好无损; (3)检查小酒吧的消费情况。	(1)切勿当着客人的面进房检查,以免侵犯客人的尊严; (2)查房时应按照顺时针或逆时针环形查看; (3)查房要迅速,在3分钟内完成。

作业项目	作业程序	说明
填写记录表	在表单上记录查房时间、客人遗留物情况、酒吧消费的饮料品种及数量，物品损坏情况。	
报告客房服务中心	(1)拨电话报房间号码； (2)将查房结果通知客房服务中心。	查房完毕，无论客人有无消费或物品损坏，服务员都应在第一时间通知。

4. 遗留物品的处理

作业项目	作业程序	说明
客房服务中心登记	(1)客房服务中心服务员根据所交物品与遗留物品单核对。 (2)核对准确后，填写客人遗留物品登记表，登记表记清：物品发现地点、物品名称、数量、品牌、颜色；拾到的日期时间；拾物者姓名。	贵重物品、食品、公共区域物品、一般物品等应进行分类登记。
保管	(1)由专人将遗留物品放入遗留物品室进行保管，按日期顺序摆放； (2)若物品是潮湿的棉布草，将布草烘干后再打包； (3)如果遇到客人查询遗留物品或说明隔日来取的，均放入待取物品柜中(放入待取物品柜时应在待取登记本上登记)。	(1)保持遗留物品室清洁、干净； (2)登记一定要清晰、准确，并且便于查询。

作业项目	作业程序	说明
认领	(1)核对客人原住房号、遗失日期、物品名称、品牌、颜色、件数； (2)凭客人有效证件，填好证件号码，客人签字后领取(身份证、护照、回乡证、军官证等)； (3)对受委托来办理认领遗留物品的处理，必须核实受委托人身份，请示当班主管或经理同意，经授权后方可办理。	(1) 如遇客人电话查询遗留物品，客房服务中心人员应注意核对准确； (2) 如遇客人需要邮寄，由大堂经理协助处理。
一般遗留物的处理	(1)食品类鲜活物品只保存三天，由主管处理； (2)遗留物分月存放，存放期三个月，无人认领则给予销毁，由保卫部和客房部一同进行； (3)客人声明不要的遗留物品由文员、主管共同确认是否需要保存并签字。	
贵重遗留物的处理	(1)现金保存三天，之后无人认领，由客房部经理交财务部保管； (2)其他贵重物品保存二个月无人认领，由客房部经理出具清单，物品交保卫部。	

5. 加床服务

作业项目	作业程序	说明
准备工作	(1)接到客房服务中心加床通知; (2)将加床所需布草放在加床一侧; (3)将需补充的客用品放在加床的另一侧。	(1)如遇客人向服务员提出加床需求,应告知客人到总台办理登记手续; (2)加婴儿床免费; (3)了解清楚客人需求,根据客人需要准备物品。
敲门进客房	(1)按照标准的敲门程序操作。 (2)问候,说明服务事宜。例如:"先生(小姐),您好！请问现在是否可以加床?" (3)征得客人同意后进入客房。	操作轻、规范。
放加床	(1)将加床平放在房间; (2)将其中的一床棉被对折,平放在床上,把棉被多余的部分靠窗户,正对客人的一边齐平床垫; (3)将床褥铺在棉被上; (4)将床单铺在床褥上,正对客人一边的床单下垂20厘米,床挡头多余的床单收到棉被下面; (5)将枕头套好,放在有床挡头的一边; (6)将另一床棉被套上被套后,折叠整齐,放在床位。	操作要轻、要面带微笑。
添加客用品	将补充的客用品分别放到房间和卫生间指定的位置。	补充的客用品包括拖鞋、水杯、洗漱用品,及卫生间大方巾、小方巾、面巾等。

作业项目	作业程序	说明
告别	(1)面向客人且面带微笑，同时要声音大小、语速适中地说："先生（小姐），您的加床已经做好，祝您住店愉快"； (2)道完再见后，慢慢向后退身，距门约两步的距离时再转身退出。	保持亲切、微笑。

6. 小酒吧服务

作业项目	作业程序	说明
日常检查	(1)服务员每日清洁房间时同时清洁冰箱，并检查饮料是否数目相符，有无破损、变形； (2)开夜床时检查饮料消费情况； (3)安排专人检查所有房间的饮料过期情况，对一个月后将过期的饮料登记并更换。	(1) 如检查空房时，发现饮料数目不符，通知领班，查找原因，并及时补充完整； (2) 凡发现酒水数量与规定配备数量不符、出现缺少和开启情况的，均视为客人消费。
填写酒水消费单	(1)确认为客人消费，根据客人消费情况，如实填写酒水消费单； (2)将酒水消费情况登记在服务员每日工作单上。	消费单一式四联，作为不同的凭证用途： 第一联，派放到客人房间； 第二联，交客房服务中心； 第三联，交酒店财务部； 第四联，交领用中心领取酒水使用。
报告消费情况	将消费单第二联、第三联交至客房服务中心及酒店财务部及时入账。	做到房号、酒水的消费品种和数量准确无误。

作业项目	作业程序	说明
领取、补充酒水	(1)将消费单第四联交至领用中心并领取酒水； (2)根据酒店的规定，补齐客房酒水消费品，摆放时注意商标朝外。	客房的客人消费酒水后并未打算退房的，须经客人签字后再进行补充。

7. VIP 客人接待服务

作业项目	作业程序	说明
通知工作	(1)客房服务中心在接到通知 5 分钟以内将 VIP 客人抵店时间及级别等信息传达至各相关岗位及人员； (2)在 VIP 单上记录通知情况。	
准备工作	(1)PA 主管根据 VIP 级别及客人喜好准备水果、鲜花。 (2)楼层服务员做好彻底的清洁工作，并按照 VIP 级别及客人喜好配备客用品，放置报纸及总经理亲笔签名的欢迎词。 (3)布置好的房间，由楼层领班、楼层主管、客务部经理进行逐级检查，发现问题及时补救。 (4)做好迎宾准备： ①准备好香巾、茶具、茶叶； ②根据气温，调节好室内温度； ③若贵宾夜间抵店，应做好夜床服务； ④整理好个人仪表，在楼层服务台迎候。	(1)根据酒店规定及 VIP 级别配备客用品，如印有客人姓名的浴衣、贵宾拖鞋、刮胡刀、鲜花以及总经理亲笔签名的欢迎词等。 (2)领班、主管主要检查： ①是否添补 VIP 专用品； ②是否补充取电卡； ③水果、鲜花、擦手巾是否到位； ④房间卫生状况和设施、设备状况； ⑤水瓶内是否加水； ⑥接到通知半小时内全部准备完毕。

作业项目	作业程序	说明
迎接服务	(1)楼口迎宾 ①视具体情况,由部门经理带领主管、领班及服务员在电梯口迎接; ②在距客人半米远的左前方,引领客人到所预订的房间门前,亲自为客人打开房门,礼貌地请客人先进。 (2)送欢迎茶 ①客人进房后,根据已掌握的客人的个人喜好和特点,将茶水和香巾送上; ②按顺序送茶水。 (3)向贵宾道别,躬身退出房门,在距离房门半步远时再转身出门,并随手带上房门。	(1)要做到笑脸相迎、热情问候; (2)送茶巾的顺序为:先女士后男士,先长辈后晚辈,先上级后下级,先宾客后主人。
住店服务	(1)端茶送巾 ①每日早晨,按来宾起床的先后依次端送; ②来宾外出活动归来,视情况及时予以递送。 (2)酒水服务 ①确保迷你吧酒水充足、品种齐全; ②及时提供客人临时指定的酒水。 (3)整理房间 ①按房间规格要求,上午进行重点整理,下午进行一般整理,晚上进行寝前整理; ②小整理服务:在客人一离开房间后就进行清扫整理,倒垃圾,清洗烟缸,更换使用过的低值易耗品及布草等。 (4)洗衣服务,由主管检查每一件的洗涤质量,送回时在房间放置洗衣小常识温馨卡,送回衣物时衣物均套上布洗衣套。 (5)夜床服务当班管理人员做夜床服务的安排和检查,并跟据客人的喜好补充小食品或小礼品。	(1)在为客人提供服务时应随时观察 VIP 客人的需求,要有超前服务意识; (2)注意保持与随从人员的沟通; (3)VIP 客人在店期间所有需求应尽量满足,解决不了的问题应立即上报,由相关部门逐级协调解决; (4)随时保持 VIP 客人房间的整洁程度; (5)根据不同的 VIP 等级,服务标准不完全相同。

作业项目	作业程序	说明
离店服务	(1)视具体情况,由部门经理带领主管、领班及服务员亲自送客; (2)客人到达电梯,为客人按电梯; (3)送客人到电梯口,说:"一路平安"、"再见…"、"欢迎下次光临"; (4)查房,如有遗留物立即通知客房服务中心。	接到离店通知,迅速部署专人负责送客服务。
总结建档	(1)总结整个接待工作的得失; (2)客人在住店期间,部门管理人员、员工通过与客人沟通交流,通过观察发现客人的喜好,并记入《客史档案》。	

8. 托婴服务

作业项目	作业程序	说明
受理	(1)记录客人要求,通知当班主管; (2)请客人填写《宾客委托代看婴儿服务单》,并签字确认; (3)提醒客人交待清楚注意事项及特殊要求。	(1)要写清楚客人的房号、姓名,需要看护服务的时间、地点,及儿童的姓名、性别、年龄、健康状况、特殊要求、紧急情况联系人; (2)病婴孩不予托管,身上有明显伤口的婴孩不予托管。
服务安排	(1)主管安排专职人员提供服务; (2)严格按照程序进行登记。	照顾小孩的员工一般应该是具有相关知识且有经验的女性员工。

作业项目	作业程序	说明
看管婴儿	(1)看护人员按时抵达看护地点,并留意客人的有关吩咐,处理好交接事宜; (2)严格按客人要求提供食物和玩具。	服务过程中看护人员务必小心谨慎,不能离开儿童,不可随便给儿童东西吃,不让儿童接近容易被其碰伤、刺伤的东西,不能把儿童带离指定的地点,如有意外伤害,马上汇报。
交还宾客	(1)看护服务结束时,请客人《宾客委托代看婴儿服务单》上签字确认; (2)及时通知服务中心,汇报服务工作。	如果到看护服务的预订结束时间,客人仍未出现,看护人员必须坚守岗位,直到客人归来。

9. 借用物品服务

作业项目	作业程序	说明
准备工作	(1)接到客人借用物品通知; (2)到客房服务中心领取客人所借用物品,并填写登记单。	酒店常见的借用物品有:手机充电器、变压器、烫衣板、加热器、接线板、万能插头。
进房送物	(1)敲门进房; (2)按客人的要求摆放物品; (3)请客人在将借用的物品在物品单上签字,并提醒客人及时归还; (4)退出房间。	(1)5分钟之内将客人所借用物品送入房间; (2)根据物品的性能认真检查,确保所借的物品能正常使用; (3)对一些特殊物品要向客人介绍使用方法和性能。

作业项目	作业程序	说明
收取借用物品	(1)确认客人使用完毕后及时到房间收取客人使用的借用物品,检查物品是否完好无损; (2)如有损坏报客房服务中心,请客人进行赔偿。	收取物品必须在客人结账之前。

10. 擦鞋服务

作业项目	作业程序	说明
取鞋	(1)接到客人需求,立刻戴上白手套到客人房间; (2)按敲门程序进房,客人在房间,礼貌询问客人:"XX 先生/小姐,请问是您需要擦鞋服务吗"? (3)征得客人同意后将客人鞋筐内的拖鞋和擦鞋布等放入衣柜内,将要擦的鞋子放入鞋筐内; (4)向客人告别:"XX 先生/小姐,您的鞋子我们 15 分钟内给您送回来,再见。" (5)携带鞋筐离开客人房间,将写有房号的纸条放入鞋筐内; (6)若客人不在房间,直接取走放在鞋筐内的鞋子。	(1)在收鞋时应主动询问客人皮鞋是否有特殊要求; (2)客人不在时,应仔细查看客人是否留有擦鞋时应特别注意的事项。

作业项目	作业程序	说明
擦鞋	(1)取下白色手套,戴上一次性手套; (2)用专用鞋刷或尘布去掉鞋子表面的灰尘; (3)根据鞋子的颜色进行上油工作,均匀地涂抹鞋油,注意鞋带及毛面不得上鞋油; (4)稍等 1～2 分钟,用鞋刷均匀地刷鞋直至光亮; (5)用专用擦鞋布对鞋子进行抛光; (6)将擦干净的鞋子放入鞋筐内; (7)取下一次性手套。	系带皮鞋应将鞋带解下再擦拭。
送鞋进房	(1)戴上白手套。 (2)按程序敲门进房。 (3)询问客人对鞋擦服务是否满意:"XX 先生/小姐,您的鞋子已经擦好了,您看还满意吗?" (4)将鞋子按客人要求放好。 (5)若客人不在房间,将鞋筐放回原处。 (6)向客人告别,退出房间:"祝您住店愉快,再见"。	客人要求加急擦鞋的,应立即满足客人的要求。

11. 人工叫醒服务

作业项目	作业程序	说明
接受信息	(1)重复对方内容、确认叫醒房号和时间; (2)准确记录叫醒房号及时间;	一定要将客人的房间号、叫醒时间等重要信息记录清楚。

作业项目	作业程序	说明
叫醒服务	(1)观察房门外情况,是否为 DND 房,如果是,要立刻上报; 按门铃两次;如有客人应答,应礼貌并用适度音量说:"XX先生/小姐,您好!现在是XX点,您的叫醒时间到了"!得到客人肯定答复后礼貌道别,并回复对客服务中心。 (2)如无人应答,则开门进入房间查看: ①客人不在房间,立即上报; ②客人在床上未醒,站在卧室进门处,按规定叫醒客人,并确定已将客人叫醒后离开房间; ③房门反锁,通知大堂副理到场,按大堂副理指示进行叫醒服务。	人工叫醒服务通常是在电话叫醒无果的前提下进行的。

12. 收取客衣服务

作业项目	作业程序	说明
进房收取	(1)接到通知; (2)敲门进房; (3)楼层服务员在清扫房间时要检查洗衣袋有无客人需洗衣物。	发现房门反锁或 DND,记录并报告主管。

作业项目	作业程序	说明
核对洗衣单	(1)如果客人在房间： ①请客人填写洗衣单并签字确认； ②与客人当面核对衣物的数量是否正确； ③确认衣袋里是否有钱物，检查衣服是否有破损、褪色、缺扣、饰物不全等情况。 (2)如果客人不在房间： ①要认真核对房号、洗衣件数、种类与洗衣单填写的是否相符，如果数量或种类不符，应立即通知楼层管理人员，双方共同确认后将衣物送洗，并给客人留言； ②客人未填写洗衣单且将衣服放入洗衣袋内，立即上报主管人员联系客人，确认后收取； ③退出房间。	(1) 要注意仔细核对房号、洗衣件数等内容； (2) 客人在房间时，退出房间要按照退出房间要求，礼貌退出。
取出衣物，交给洗衣房员工	(1)将衣物取出放置工作间； (2)与洗衣房员工做好交接记录。	衣物取出后不能放置于工作车上。

13. 残疾人服务

作业项目	作业程序	说明
准备工作	(1)检查房间紧急呼叫设施是否正常。 (2)了解客人情况，作房间准备，常见残疾分为失明、失聪、失语、肢残等，需根据不同的情况准备房间： ①失明客人：将易碎物品更换为不易破碎的物品，避免客人划伤； ②失聪客人：在房间内准备10张大便笺和垫板，方便客人的交流； ③失语客人：在房间内准备10张大便笺和垫板，方便客人的交流； ④肢残客人：将较高处的物品放于客人易取处。	根据客人特殊要求做好准备工作。
住店服务	客人入住期间，服务员每日拜访客人，了解客人的需求并予以满足和记录在案，同时祝客人在酒店入住愉快。	根据客人特殊要求，提供服务。
离店服务	通知礼宾为客人提供行李服务和推车服务，帮助客人叫车和上车服务。	做好客史档案。

案　例 ▶

在某五星级酒店的客房部，实习生服务员小任正在清扫一间走客房。小任见客人的行李已经全部收拾好，整齐地摆放在行李架上，就开始去清理垃圾。她看到床到床头柜上有一张皱巴巴的便笺纸，认为是客人不要的废纸，便顺手丢进垃圾袋中。此房间整理就绪后，小任又去整理其他房间了。

一会儿，走客房中尚未离店的客人急匆匆的找到小任说："小姐，你有没有看到一张记有电话号码的小纸条？那个电话号码对我很重要。"

小任一听就傻眼了，反问道："您的电话号码号码是不是在床头柜的便笺纸上写的？"

客人说："我记得好像是在床头柜那儿。"

“对不起，我马上去找。”小任边说边来到工作车的垃圾袋旁，翻了半天，终于找到了客人记有电话号码的小便笺。

客人不住地向小任道谢。而此时作为实习生的小任心里却很不是滋味，她为自己粗心扔掉了客人记有电话号码的便笺给客人增添了麻烦而深感自责，所幸及时找到，没有耽误客人行程。

经过此事，小任懂得了客房内无论是什么东西，哪怕只是张小纸片，只要是客人的东西，都要保存好，不能自以为是地扔进垃圾袋，否则不仅会引起投诉，而且有可能给客人带来难以弥补的损失。

请思考

在整理客房时应怎样对待客人的“废弃物”？

7

第七章 洗衣服务

一、实训目标

通过本章学习，使学生可以掌握纠纷的预防与处理技术，熟悉洗衣房对客服务流程，掌握不同洗涤设备的操作规程。

二、实训项目

1. VIP 洗衣服务规程

作业项目	作业程序	说明
取衣	(1)接到通知后，立即派人取衣； (2)询问客人是否有特殊要求，若有时间限定，则必须保证按时完成。	酒店总经理及饭店下发的 VIP 通知单的客人的洗衣为 VIP 洗衣。
洗涤	(1)必须仔细地对衣物进行规定的检查； (2)根据面料确定洗衣方式，确保不发生问题； (3)将衣物单独交给下一个岗位的员工，如有特殊要求则要特别交待。	VIP 洗衣的各项质量要达到最高标准。
检查并包装	(1)员工检查洗衣质量； (2)主管亲自检查洗涤及熨烫质量并包装。	
送回	(1)由专人单独送衣； (2)严格遵守客人要求的送衣时间。 (3)送回时在房间放置洗衣小常识温馨卡； (4)送回衣物时衣物均套上布洗衣套。	

2. 检查客衣

作业项目	作业程序	说明
检查上衣类	(1)口袋内是否有客人忘掏的物品或现金,小件物品一律随衣服送还客人; (2)肩部垫肩是否完整; (3)衬里是否有破损,面料是否可洗; (4)衣身是否破损、褪色、缺扣、装饰物不全; (5)拉链是否损坏,衣服的染色度是否牢固; (6)是否有洗涤标志,标志是否与客人要求的项目相符。	严格按照程序仔细检查。
检查丝绸类	(1)是否有破损、虫蛀等现象; (2)是否有抽丝(对光照易于检查)。	
检查下装类	(1)裤裆是否磨损、有污迹、拉链是否损坏; (2)裤身是否磨损、褪色、有重污等; (3)裤角是否磨损、有重污迹。	
处理问题衣物	(1)凡发现有破损的衣物要与客人联系后再洗; (2)对有重污的衣服洗涤前先行去污; (3)有可能发生不良洗涤后果的(如掉色、严重缩水等)要先行与客人联系,经同意后再洗; (4)洗涤标志与客人要求不符的,也应征得客人同意后再洗; (5)衣服洗涤后仍未去掉的污迹,应征得客人同意后再做进一步处理(因可能损坏); (6)所发现的问题应准确记录在《客衣交接本》上; (7)不得机洗的应挑出送手洗。	

3. 客衣打号

作业项目	作业程序	说明
开机准备	(1)接通打号机电源； (2)检查电器部位是否漏电； (3)试机，确认打号机能够正常工作。	
打号	(1)识别衣服面料、判定是否可以承受打码机的打号热度，否则改用手写号条别在衣服商标或扣眼处； (2)不同类别的衣物，应将号打在不同的部位。	(1)以下面料的衣物不可使用打码机：真丝、毛衣、灯蕊绒、皮革、较薄面料的衣物； (2)西服打在领口，衬衣打在商标侧，T 恤、背心打在底边里面，西裤打在兜处，毛织物和粗织物按纹路打，以免留有印迹； (3)一次只打开一个洗衣袋进行，编码以免搞错。
整理工作	(1)打号结束后，切断打号机电源； (2)清理打号机； (3)罩上防尘罩。	

4. 水洗客衣

作业项目	作业程序	说明
检查衣服	(1)确认衣袋里是否有钱物； (2)衣服是否有破损、褪色、缺扣、饰物不全等情况； (3)再次确认衣服是否可以水洗； (4)不易机洗的衣服应单独挑出来用手用洗涤。	注意安全，严格按照程序仔细检查。

作业项目	作业程序	说明
分类	(1)按颜色分为浅、深两类，分别洗涤； (2)有重污的衣服和衣领，应在洗涤前专门洗去污渍； (3)小件(袜子、内衣等)物品装入网袋内洗涤；	
开机	(1)接通电源、冷水管、蒸气管、空压气管； (2)检查电器部位是否漏电； (3)试机，确认水洗机能否正常工作。	试机时应加温。
装机	(1)不能超过规定的洗衣容量； (2)关门时不要将衣服掩住； (3)衣服装入时，防止相互勾连。	载重要求： 容量 100kg 机器，衣服重量不超过 90kg； 容量 70kg 的机器，衣服重量不超过 65kg； 容量 32kg 的机器，衣服重量不超过 30kg。
洗涤	(1)预洗； (2)主洗； (3)漂洗； (4)清洗； (5)中和、上浆、柔软； (6)脱水。	针对不同的洗涤物采用不同的程序、洗涤时间和温度。

作业项目	作业程序	说明
卸车	(1)取出衣物,装入干净的布草车; (2)检查衣物是否已经洗干净，如有未洗干净的则需要重新洗涤; (3)检查是否有衣服掉色,如有,应立即采取措施补救; (4)洗好的衣服应立即送到烘干房进行烘干。	
关机	(1)关闭分机和总电源、蒸气、冷水; (2)排放机内空气压力。	

5. 烘干客衣

作业项目	作业程序	说明
检查机器	(1)接通电源开关,蒸气压力应为500～700 kg/m^2; (2)检查电源接头处是否漏电; (3)检查烘干机的温度; (4)试机,确认机器能正常工作; (5)清洁过滤网。	(1)不要使用金属或湿手接通电源开关; (2)烘干机的温度在74℃～85℃之间工作效率最好; (3)每天至少清洁过滤网上的棉绒两次,被堵塞的过滤网最容易引起火灾。
衣服分类	(1)不同类别的衣服要分别烘干; (2)含水率低与含水率高的衣服要分别进行烘干; (3)小件衣物(如袜子、内衣等)要装在网袋内烘干; (4)不能烘干的衣服,如丝麻等,要自然晾干。	衣物的分类标准:牛仔服、外衣为一类;化纤、衬衫为一类;恤衫、背心为一类。

作业项目	作业程序	说明
装载衣物	(1)请教主管，或根据设备制造商的说明操作； (2)根据烘干机的承受要求装载衣物，不可以过载。	装载的数量适中可以防止能源的浪费；超载会增加烘干时间和皱褶。
设置烘干机	(1)了解每种衣物的烘干时间和温度，设置适宜的烘干时间、温度和冷却时间； (2)烘干枕套和被单有一个 3～5 分钟的冷却过程可以减少褶皱，保持布草崭新； (3)桌布在折叠前要有一个 3～5 分钟的冷却时间； (4)深色纯棉、牛仔服、外衣使用中温 150 ℉～160 ℉，烘干 40 分钟左右；化纤衬衫、恤衫、背心等用低温 100 ℉左右，烘干 10～15 分钟；打冷风的时间为 5 分钟左右。	
烘干操作	(1)选用中温烘干涤纶制服，以防止高温对衣服的破坏； (2)将精美的带有装饰扣或花边的衣物放入尼龙滤网袋进行烘干，以防止衣物损伤或缠结； (3)随时观察烘干机的运行状况，如有异常立即停机。	

作业项目	作业程序	说明
取出衣物	(1)待机器完全停止转动后方可打开门,避免碰到烘干机灼热的表面烫伤; (2)为了防止褶皱,将装饰用的衣物拿出烘干机后挂在干净的布草车的边缘; (3)将烘干的衣物抖散堆放,如果时间允许,将衣物叠好; (4)将烘干后的制服悬挂起来; (5)小心处理,不要将干净的衣物掉在地上,掉在地上的应送回重洗; (6)洗衣房关门前检查烘干机是否关机; (7)避免将衣物落在烘干机里过夜。	若员工关门后,烘干机还在工作,且还有衣物在其中,很容易引起火灾。
送熨烫间	将烘干好的衣物立即送去熨烫。	

6. 人像机熨烫操作规程

作业项目	作业程序	说明
开机	开启电源,蒸气阀。	(1)用袖架两袖撑开; (2)身后开叉的衣服用夹子夹紧; (3)在衣物定型时,根据衣物的大小,调节鼓风的大小,以免把衣物吹变形。
整型	(1)打开蒸气开关,冲入蒸气; (2)关闭蒸气开关,打开自然风定型; (3)关闭自然风开关。	
关机	关闭总电源。	

7. 压板机操作规程

作业项目	作业程序	说明
开关	(1)开启蒸气总阀门； (2)开启分机电源、蒸气阀、空压气开关。	
整形	(1)吸气、按下压板，冲入蒸气； (2)关蒸气，打开抽湿开关定型。	(1)蒸气要给足； (2)注意面料的厚薄。
关机	关分机电源开关。	

8. 万用夹机操作规程

作业项目	作业程序	说明
开机	(1)开启蒸气总阀门； (2)开启分机电源、蒸气阀门、空压开关。	
整形	(1)熨烫裤子中线对齐； (2)手拉脚踩压下压板； (3)用右手中指压下上面蒸气阀门，用右脚踏下右边蒸气阀门，冲入蒸气，放开右手和右脚； (4)用左脚踏下左边抽湿阀门，进行定型； (5)用熨斗熨烫裤腰部分。	(1)蒸气要给足； (2)注意面料的厚薄； (3)两裤腿刀线左右均匀。
关机	关分机电源和蒸汽。	

9. 客衣的包装

作业项目	作业程序	说明
核对	(1)将一个房间的所有衣物收集在一起； (2)依照打码条核对衣服的件数是否齐全。	衣物在洗涤后，由于设备或人为造成的损坏应立即报告主管，以便尽力补救。

作业项目	作业程序	说明
检查	(1)所有纽扣是否齐全； (2)衣物是否洗得干净(一般性污迹)； (3)衣物原有污迹是否洗掉； (4)有垫肩的服装，垫肩是否齐全； (5)熨烫是否合格； (6)衣物的配件是否齐全，是否缺少饰物； (7)对照洗衣单，检查客人的特殊要求是否做到。	不符合质量要求的，应送有关岗位重新处理。
包装	(1)衬衫用衬衫袋按要求包装； (2)一般衣物应叠好后整齐地装在洗衣袋内； (3)在挂牌上做标识。	洗衣袋内不可装得太多，以便于取放为适。

10. 西服上装熨烫

作业项目	作业程序	说明
定型	(1)将西服套在人像机上； (2)用袖架交两袖撑开，用压板压紧前身，后身如开叉用夹子夹紧，衣兜要翻出； (3)打开蒸气开关，冲入蒸气； (4)关闭蒸气开关，打开冷气定型； (5)关闭冷气开关。	
熨烫	(1)使用手熨斗烫不平整处； (2)熨烫西服衬里。	容易发亮的面料，在熨烫时垫布熨烫。

作业项目	作业程序	说明
质量检查	将衣服挂起，检查是否符合标准，若不符应重新熨烫。检查标准： (1)外表：无皱、无亮光、无压印、挺括、下摆平整； (2)翻领：无亮光、无压印、左右翻开应一致，翻领位于第一纽扣上，呈自然流线型，让人产生一个环胸的效果； (3)衣袖：无双袖线，袖边及袖扣处理要烫平整个袖子，应是流线型。	

11. 送回客衣

作业项目	作业程序	说明
核　对	重新核对所送洗衣是否齐全。	
上楼层	(1)只限乘员工电梯或走楼梯； (2)从上至下，先送 VIP 和快件。	
送回客衣	(1)敲门进房(按敲门程序进行)。 (2)主动问候客人，根据时间不同问候：早上好/下午好/晚上好，并说明来意。 (3)提醒客人检查洗衣质量及核对衣服是否齐全，应说："您的衣服已经洗好了，请您检查一下。" (4)帮助客人将挂件挂在衣柜内。 (5)征询客人是否还有其他要求，应说："请问还有什么需要我帮忙的吗？" (6)退出房间。 (7)若客人不在房间，将挂件挂在衣柜内，将洗衣通知单放在床头柜上。	如不能准时将客衣送还客人，应放致歉书进房，告知客人不能准时送还的原因，请客人谅解。

案 例 ▶

广州某酒店客房部经理和洗衣房主管如约来到火车站对面的国际酒店，听取该店洗衣房的工作经验。接待这两位客人的是酒店客房部朱副经理。

“我建议两位先去我们的洗衣房看看，也许你们可以从我们的日常操作程序中看出点什么，也可帮助我们总结这些年来的工作情况。”朱副经理很诚恳地建议道。

他们一行 3 人来到洗衣房，正好遇见客房服务员送来客人放在袋中的脏衣。一位资深的员工在一一核验客人自己填写的洗衣单和袋中的衣服。

“瞧，817 号房的客人也在这一栏里选择‘干洗’和‘烘干’。我们的客人不了解每种面料的正确的洗涤方式，他们凭个人生活经验填单，要是我们不帮助他们把好关，洗涤员很可能就把客人的衣服洗坏了。”这位姓段的老技师给来访者看放在洗衣袋中的有饰物镶嵌的重磅真丝衬衫。他向 3 人解释道，这种衬衫绝不可以干洗。

接着他又一一打开洗衣袋，当发现另一位客人把一条毛麻织物的裤子写成用“水洗法”洗涤时，他又对来访者说，他们必须改变洗涤方式。前来取经的两位客人看了段技师如此认真把好洗衣前检验这一关，深受感动。

客房部朱副经理又把客人引领到烫衣处，只见每件洗涤物旁都有段技师标明的熨烫温度和时间。

“洗衣房里只有两名技艺出众的技师才可以使用非蒸汽型熨斗，因为非蒸汽型熨斗对使用者的技艺要求很高。有些薄软织物如果熨烫不当，立刻就会变形或变色，严重的还会烫焦。”朱副经理说。

参观完后，3 人回到客房部，朱副经理又补充道：“洗衣房里学问也颇多，关键在于管理。既要在设备添置上舍得花钱，又要在工艺程序上严格实行规范化。先进的设备保养不当，很快便会发生故障；要是管理不严，设备有油外泄，弄污了客人衣物，就严重违反了‘允许客人失误，不允许洗衣房出差错’的原则。另外，酒店本身还有许多布草，在洗涤前我们都要根据原料、纱支、经纬密度来确定适当的洗涤时间、洗涤剂浓度及用量、烘干和整烫的温度与时间。我们管理得越规范、越严格，布草的使用寿命就越长。”

参观、介绍前后仅 2 小时，两位客人却满载而归。

请思考

由此案例受到的启发，谈谈为客人提供优质服务应该本着怎样的原则？

8

第八章
客房紧急事件的处理

一、实训目标

通过本章的学习，让学生了解到酒店紧急事件的处理效率直接体现了一家酒店服务水平及管理水平的高低，必须妥善的处理好酒店的紧急突发性事件，既要维护好客人的合理权益又不能损害酒店的利益。通过本章的学习，使学生掌握客房各类常见突发问题的处理方式。

二、实训项目

1. 处理客人投诉

作业项目	作业程序	说明
接受投诉意见	(1)面带微笑，仔细聆听客人的陈述； (2)仔细记录事情经过，在事情核实之前，不宜予以申辩和解释。	聆听客人投诉时要有耐心，不可与客人顶撞、辩驳。
处理投诉事件	(1)向客人真诚地道歉，并表示理解客人处境； (2)若投诉在自己岗位权限范围内立刻调查并核实事情的经过，分析导致投诉的原因，明确判断主要责任方，并妥善处理； (3)对于一些自己无法解决或针对酒店其他部门的投诉，及时上报，协助客人解决。	处理客人投诉时要本着想客人之所想，急客人之所急的服务态度。
做好记录	详细记录投诉客人的姓名、房号或通讯地址、电话、投诉时间、投诉事由和处理结果。	做好投诉记录可以使问题再次出现时有清晰的处理思路；同时也有利于向服务员现身说法，防止类似投诉的出现。

作业项目	作业程序	说明
了解病情	(1)礼貌问询客人病情,看是否要去医院或请医生; (2)安抚客人。	(1)主动热心地关心客人; (2)处理这种情况一定要迅速、及时。
提供服务	(1)如果是重急病症,及时与医院或急救站联系,组织抢救,同时通知其同行人员、亲属或接待单位; (2)表示可以为客人提供一些服务。如:订餐、送餐服务。	
记录	在交班本上作好记录,做好交接工作,请下一班员工重点关注该客人。	

6. 客人意外受伤的处理

作业项目	作业程序	说明
上报	立即通知管理人员。	
安抚客人	主动帮助客人,并征询客人意见,看是否需要去医院。	
及时处理	(1)根据客人受伤情况,应急处理; (2)如果是重急病症,及时与医院或急救站联系,组织抢救,同时通知其同行人员、亲属或接待单位。	及时处理避免客人病情恶化,避免给酒店带来麻烦或经济损失。
善后	私下了解或调查客人受伤的原因,做好善后工作; (1)如果确实是由于酒店方的责任使客人受伤,要立即查明情况,给客人以合理的解决方式; (2)如果是客人自己的责任,也要表示慰问。	

一、实训目标

通过本章的学习，让学生了解到酒店紧急事件的处理效率直接体现了一家酒店服务水平及管理水平的高低，必须妥善的处理好酒店的紧急突发性事件，既要维护好客人的合理权益又不能损害酒店的利益。通过本章的学习，使学生掌握客房各类常见突发问题的处理方式。

二、实训项目

1. 处理客人投诉

作业项目	作业程序	说明
接受投诉意见	(1)面带微笑，仔细聆听客人的陈述； (2)仔细记录事情经过，在事情核实之前，不宜予以申辩和解释。	聆听客人投诉时要有耐心，不可与客人顶撞、辩驳。
处理投诉事件	(1)向客人真诚地道歉，并表示理解客人处境； (2)若投诉在自己岗位权限范围内立刻调查并核实事情的经过，分析导致投诉的原因，明确判断主要责任方，并妥善处理； (3)对于一些自己无法解决或针对酒店其他部门的投诉，及时上报，协助客人解决。	处理客人投诉时要本着想客人之所想，急客人之所急的服务态度。
做好记录	详细记录投诉客人的姓名、房号或通讯地址、电话、投诉时间、投诉事由和处理结果。	做好投诉记录可以使问题再次出现时有清晰的处理思路；同时也有利于向服务员现身说法，防止类似投诉的出现。

2. 意外损坏客人物品的处理

作业项目	作业程序	说明
报告情况	服务员在工作过程中将客人物品损坏,应立即报告领班。	不可将损坏的物品私自进行处理。
处理损坏物品	(1)将损坏的物品整理后放置在明显的位置,并摆放整齐; (2)将损坏的物品地点清理干净。	
与客人协商解决问题	(1)与客人取得联系,首先向客人道歉,解释事故的经过,并征询客人的处理意见; (2)房内可增加一束鲜花或果篮、一张经理名片,以表示歉意。	(1)高效地处理事故; (2)态度一定要好,处理方案一定要表现出足够的诚意。

3. 紧急故障停电处理

作业项目	作业程序	说明
发现停电情况	当班服务员应立即电话通知客房中心,告知停电情况,了解停电原因。	酒店各部门都要保持冷静。
采取应急措施	(1)打开公共区域备用紧急电源; (2)各楼层服务员应手持手电筒在走廊上巡走; (3)检查角房的长明灯和走廊的长明灯,若有不亮的地方,需立即通知工程部换灯泡; (4)巡走如停电时间很长,按照客房中心通知在客房内放置蜡烛照明(注意防火)。	加强楼层巡视,防止有人趁机行窃,并注意安全检查。

作业项目	作业程序	说明
回答询问、安抚客人	(1)向客人致歉； (2)解释停电原因正在调查中，请客人予以谅解。	耐心回答客人的提问，予以一一解释。
停电恢复后	(1)如果客人在房间，应向客人表示歉意并向客人解释情况； (2)收回房间内的蜡烛。	仔细查看一下是否有火灾隐患存在，若有，应及时处理，以免酒店发生大的损失。

4. 火警疏散处理

作业项目	作业程序	说明
报警	(1)服务员发现火情后，要立即打电话通知总机或消控中心，报告火灾地点、火势大小、有无伤亡及自己的姓名； (2)如火情紧急且无法控制，要立即敲碎报警玻璃报警。	出现火情一定要沉着、镇定；打火警电话时一定要先讲清楚火灾发生的地点及严重程度。
疏散	(1)接上级疏散指令； (2)依次敲开自己所负责楼层所有住客房房门，组织引导客人尽快疏散到指定的安全地点； (3)疏散完毕后，对管区进行检查，确保无人滞留。	(1)疏散客人时一定要引导客人走酒店的消防通道，严禁客人乘坐电梯； (2)服务员切不可贸然打开起火房间的房门，防止火势继续向别处蔓延。

5. 客人患病的处理

作业项目	作业程序	说明
上报	当班服务员应报告上级。	

作业项目	作业程序	说明
了解病情	(1)礼貌问询客人病情,看是否要去医院或请医生; (2)安抚客人。	(1)主动热心地关心客人; (2)处理这种情况一定要迅速、及时。
提供服务	(1)如果是重急病症,及时与医院或急救站联系,组织抢救,同时通知其同行人员、亲属或接待单位; (2)表示可以为客人提供一些服务。如:订餐、送餐服务。	
记录	在交班本上作好记录,做好交接工作,请下一班员工重点关注该客人。	

6. 客人意外受伤的处理

作业项目	作业程序	说明
上报	立即通知管理人员。	
安抚客人	主动帮助客人,并征询客人意见,看是否需要去医院。	
及时处理	(1)根据客人受伤情况,应急处理; (2)如果是重急病症,及时与医院或急救站联系,组织抢救,同时通知其同行人员、亲属或接待单位。	及时处理避免客人病情恶化,避免给酒店带来麻烦或经济损失。
善后	私下了解或调查客人受伤的原因,做好善后工作; (1)如果确实是由于酒店方的责任使客人受伤,要立即查明情况,给客人以合理的解决方式; (2)如果是客人自己的责任,也要表示慰问。	

7. 醉酒客人的处理

作业项目	作业程序	说明
发现醉酒客人	(1)在楼层发现非住店客人醉酒，上报保安部及大堂副理，带离楼层； (2)住店客人在楼层醉酒，通知领班或请同事帮忙，安置其回房休息。	切忌单独搀扶客人回到房间或帮助客人解衣就寝，以免引起不必要的误会。
提供服务	(1)备好面巾纸、漱口水，放在床头柜； (2)备好垃圾桶放在床头，以备客人呕吐； (3)安置客人休息后离开。	客人大吵大闹或破坏酒店财产，应立即通知上级和酒店保安人员，必要时协助保安人员制服酗酒客人。

8. 客人猝死的处理

作业项目	作业程序	说明
上报	(1)发现客人在房间休克或有死亡的迹象，要立即通知大堂副理和上级主管人员； (2)通知医务人员、保安人员到场。	
保护现场	(1)医生到达后，服务员可协助医生抢救，介绍一些情况； (2)协助保安及公安人员确认死因与现场。	不得随意搬动客人。
善后	(1)通知客人接待单位、亲属、随行人员或驻华使领馆； (2)尽快将死者转移出酒店； (3)整理、清点和记录遗留物品，待死者家属或相关人员签收。	如遇其他客人询问，内部统一口径，不得对此类事件到处声张。

9. 客人物品失窃的处理

作业项目	作业程序	说明
上报	(1)接到客人物品失窃的消息,立即上报管理人员、大堂副理及保安部; (2)保护现场并安抚客人。	
勘察现场,了解情况	(1)协助管理人员了解整个事情的经过及经济损失程度,取得以下资料: ①客人的身份、来店时间、报案时间、同行人数及所住房间; ②失物的外观及辨认特征; ③最后一次见到失物的时间和发现丢失的时间; ④在此时间内,事主是否接待过朋友或访客; ⑤事主是否有怀疑对象及理由; ⑥失物的价值; ⑦失物有否购买保险。 (2)征得客人同意后帮助客人在房间内作一次彻底的查找,并使客人同时也在现场,应注意看: ①门锁是否有破坏的痕迹; ②失物可能会被找出,客人可能会忘记放在什么地方; ③除食物外,房间内还有哪些贵重物品存在; ④屋内抽屉、行李箱是否有破坏的痕迹;	

作业项目	作业程序	说明
协助调查	对有关酒店员工进行检查，需要取得情况有： (1)有否在工作中见过客人报失之物； (2)除房客本人外，是否见过其他人员进出过房间； (3)该服务员进出此房的停留时间及其目的； (4)根据上述的调查结果向上级报告情况，并考虑是否有必要向公安机关报案；	客人有时候也会有"假报案"的可能，要对具体情况进行分析，避免酒店遭到不必要的损失。
回复客人	(1)找到物品及时交给客人； (2)未找到物品，将结果告知客人，安抚客人，若非酒店责任，不予赔偿； (3)请客人留下联系方式，以便今后联系。	
记录	将事情经过记录于工作本上，以备核查。	

案 例 ▶

案例一：

一天，在某酒店客房的浴室中发生了一件令人不愉快的事。

客人丁先生本想放水在浴缸内泡澡，但嫌浴缸不干净，洗盆太麻烦，于是改用淋浴器冲洗。丁先生刚把水温调好，由于浴室内温度低，便马上冲洗起来。淋浴开始片刻，水温突然自行变热，将丁先生的皮烫破了一块。

丁先生非常恼火，匆匆穿上衣服把客房楼层管理员喊来，控诉道："你们是怎么搞的？淋浴器根本不能用，你们对淋浴设备保养差，如果没有毛病故障，绝不会中断冷水流出开水把人烫伤！"

管理员不以为然，解释说："我们酒店供给浴室的大炉水温度最高是60℃，在通常情况下是不可能烫伤人体的。多半是由于你不注意，将水笼头开关的方向拧错了，以致放出大量热水。同时，拧动开关后，还要等一会儿，淋浴器流出来的水温才会相应发生变化……"

丁先生生气地阻止管理员再讲下去，抢着说道："你真是岂有此理，明明是淋浴设备失灵，反而倒打一耙，怪我不注意，我要找你们经理讲讲清楚，你们酒店要负责支付治疗费和赔偿费！"

酒店经理赶来后，感到如果像管理员一样，继续和客人争论下去，是无法解决问题的，于是采取息事宁人的态度，口头表达了歉意，也表示如果客人确因烫伤而产生的医疗费用由店方负责。

请思考

酒店应如何有效地采取措施以预防宾客在店内意外受伤？

案例二：不翼而飞的烟缸

临近中午，某酒店楼层房务员打电话给前厅结账处收银员说："704 号房间内缺少了一只烟缸，准是被客人顺手牵羊带走了。"

收银员马上向大堂副理汇报。当 704 号房间的客人来到柜台结账时，大堂副理也赶来了。他彬彬有礼地把客人请到一处比较僻静的地方。

大堂副理："先生，房务员刚才知悉您房里缺少了一只烟缸。"（蓄意点到为止，留待客人考虑表态。）

客人："你的意思是说我拿的？真是污蔑人！"（客人面孔板起，似有问罪之意，但仍不免流露出一丝不安的神色。）

大堂副理："我希望您回忆一下，今天早晨或是昨晚是否有朋友来看过您？"（他想让客人下台阶，体面地照付赔偿费以摆脱僵局。）

客人："根本用不着想，肯定没有人来看过我。"（他暗思店方不至于为了一只烟缸而敢于搜查他的箱子。）

大堂副理："我认为像您这样有身份的人是不会拿客房里的东西的，但还是请您回忆一下，是否把烟缸放在房间里哪个角落了？以前我们也曾遇到这样的情况，按理应该由我店保安员进行查明处理，我想还是麻烦您回房间自己找一下好吗？"

客人此刻总算醒悟过来，提着箱子又进了电梯。大堂副理立即打电话给七楼房务员，要他把 704 号房门打开让客人单独进去。

没过多久，客人下来了，脸上显出一副怒气未消的样子，找到大堂副理说："你们的服务员太粗心了，烟缸不是明明放在窗台上面，窗帘的后面吗？"

大堂副理听见客人这样说，心弦完全放松了，有可能发生的一场不愉快的风波得以避免。

请思考

面对客人可能的偷盗行为，如何做到既保全酒店利益又顾及客人尊严？

案例三：对客服务既要用心也要用脑

住在某酒店412号房的刘小姐，见到隔壁413号房间的客人衣着光鲜穿戴时尚，遂起歹意。当她看到并确认该房客人离开房间、房内无人后，就佯装成413号房的客人，站在413号房门口给服务中心打电话，要求楼层服务员送一瓶开水到413号房。

服务员很快将水送来，见该小姐站在门口，就将水瓶递给她。刘小姐又谎称，房卡忘了带出来，请服务员开门。该服务员见状，立即为该小姐微笑着打开413号房间的房门，然后离去。

刘小姐进房后，立即将房内客人携带的贵重物品拿走，并马上到总台办理了退房手续。

413号房客人回来后，发现自己的贵重物品不见了，便打电话问服务中心，是否有人进他房间，服务中心告知，曾有一位小姐说413号房要开水，该客人立即明白他的东西已经被该小姐偷走，严厉要求酒店承担责任。

请思考

客房服务人员应如何提高安全意识以避免遭遇欺诈行为？

参考文献

[1] 刘伟.客房管理[M].北京:高等教育出版社,2006.

[2] 魏洁文.客房服务与管理实训教程[M].北京:科学出版社,2008.

[3] 倡海岩.饭店客房标准操作程序即查即用手册[M].北京:旅游教育出版社,2010.

[4] 姜玲,贺湘辉.公卫清洁员工作手册[M].广东:广东经济出版社,2007.

[5] 朱小彤,吴婧姝.客房服务与管理[M].广东:广东旅游出版社,2009.

[6] 蔡维溪.星级饭店客房服务[M].北京:中国旅游出版社,2004.

[7] 中国旅游网.http://www.cnta.com.cn

[8] 最佳东方网.http://www.veryeast.cn

[9] 酒店行业—hc360 慧聪网.http://www.hotel.hc360.com

[10] 中国酒店人才在线网.http://www.jdrc365.com

[11] 中华旅游网.http://www.ctn.com.cn

[12] 华夏旅游网.http://www.ctn.com.cn

[13] 中国旅游资讯网.http://www.chinaholiday.com

[14] 我爱酒店网. http://www.hotel520.com/

[15] 百度.http://www.baidu.com/